Daniel Krasa und Aldo Riboni

Italienisch zum Mitreden

Sprachkurs für Anfänger

Buch mit Audios online

Hueber Verlag

Der kostenlose MP3-Download zum Buch ist unter **www.hueber.de/audioservice** erhältlich.
Informationen zur App finden Sie unter **www.hueber.de/einfach-digital**.

4. 3. 2. | Die letzten Ziffern
2027 26 25 24 23 | bezeichnen Zahl und Jahr des Druckes.
Alle Drucke dieser Auflage können, da unverändert, nebeneinander benutzt werden.
1. Auflage

Umschlaggestaltung: Sieveking · Agentur für Kommunikation, München
Layout und Satz: Sieveking · Agentur für Kommunikation, München
Verlagsredaktion: Jürgen Frank, Hueber Verlag, München
Druck und Bindung: Friedrich Pustet GmbH & Co. KG, Regensburg
Printed in Germany
ISBN 978-3-19-539470-3

Art. 530_26163_001_02

Vorwort

Liebe Leserin, lieber Leser, liebe Italienfans,

Sie sind Sprachanfänger und spielen mit dem Gedanken, in möglichst kurzer Zeit Italienisch zu lernen? Dann ist unser Sprachkurs *Italienisch zum Mitreden* genau das Richtige für Sie. *Italienisch zum Mitreden* bietet einen entspannten und unterhaltsamen Einstieg in die italienische Sprache und führt Sie zum Niveau A1 des „Gemeinsamen Europäischen Referenzrahmens für Sprachen". Dabei konzentrieren sich die Inhalte auf das, was Sie für die sprachliche Bewältigung der wichtigsten Situationen benötigen.

Die zwölf Lektionen haben einen klaren Aufbau und in den Übungen trainieren Sie die Redewendungen und den Wortschatz auf abwechslungsreiche Weise. Auf eine Vertiefung der Grammatik wurde bewusst verzichtet, Grammatikliebhaber können aber im Anhang in einer systematischen Grammatikübersicht die wichtigsten Strukturen und Regeln nachschlagen. *Italienisch zum Mitreden* vermittelt darüber hinaus interessante Einblicke in die italienische Alltagskultur.

Nach Lektion sechs und zwölf können Sie in zwei Tests Ihren Kenntnisstand überprüfen. Im Anhang befinden sich zusätzlich zu dem Grammatiküberblick die Lösungen der Übungen sowie ein alphabetisches Wortschatzverzeichnis Italienisch – Deutsch.

Jede Lektion beginnt mit einer kurzen Übung, die in das jeweilige Thema einführt und Ihr Vorwissen aktivieren soll. Es folgen zwei Dialoge zu den wichtigsten Situationen. Die in den Dialogen vorkommenden Redewendungen und Satzmuster werden in der Rubrik „Worauf es ankommt" erläutert und in der Randspalte übersichtlich zum Lernen dargestellt. Zur Sicherheit bieten wir die deutsche Übersetzung sämtlicher Dialoge in den Lösungen im Anhang. Unter dem Motto „Ein bisschen Grammatik" werden einige für das Verständnis wichtige Grammatikstrukturen behandelt. Neben jeder Dialogseite finden Sie eine Übungsseite, wo Sie das soeben Gelernte selbst anwenden können. Geübt werden insbesondere Aussprache („Verständnis und Aussprache") und Hörverstehen („Hören und verstehen"). In der Rubrik „Das Wichtigste auf einen Blick" sind nochmals alle Redemittel der Lektion übersichtlich zum Lernen und Sichselbsttesten zusammengestellt. Abgeschlossen wird jede Lektion durch zwei informative Seiten zum Thema Landeskunde mit nützlichen Hintergrundinformationen und interessanten Porträts von einigen italienischen Städten und Regionen.

Unter **www.hueber.de/audioservice** können Sie die MP3-Dateien der Dialoge, Aussprache- und Hörverständnisübungen sowie die Rubrik „Das Wichtigste auf einen Blick" kostenlos herunterladen. Mithilfe der App können Sie die Sprachaufnahmen auch bequem per Handy oder Tablet anhören. Informationen zur App finden Sie unter **www.hueber.de/einfach-digital**. Die vertonten Texte sind im Buch jeweils mit dem Symbol gekennzeichnet. Die Zahl neben dem Symbol gibt den jeweiligen Track an.

Wir wünschen Ihnen viel Vergnügen und viel Erfolg!
Autoren und Verlag

Inhalt

Vorwort 3

Lerntipps 6

1 Erster Kontakt – Primi contatti 7

Lernziele:	Wie man jemanden begrüßt und sich verabschiedet, wie man jemanden nach dem Befinden fragt, wie man jemanden vorstellt, wie man jemanden willkommen heißt
Landeskunde:	Duzen und Siezen, Begrüßungszeremonien
Italien:	Allgemeines

2 Sich kennenlernen – Fare conoscenza 15

Lernziele:	Wie man die Nationalität, den Beruf, den Familienstand und den Namen erfragt und angibt, wie man fragt, ob jemand Kinder oder Geschwister hat
Landeskunde:	Familie
Italien:	Rom

3 Unterwegs – In giro 23

Lernziele:	Wie man nach der Uhrzeit fragt, wie man die Uhrzeit angibt, wie man fragt, wann man ankommt und wo man umsteigen muss, wie man nach dem Weg fragt, wie man fragt, welches Verkehrsmittel man nehmen muss
Landeskunde:	Verkehrsmittel
Italien:	Mailand

4 Ein Zimmer suchen – Cercare una camera 31

Lernziele:	Wie man eine Unterkunft sucht, wie man das Datum angibt, wie man ein Telefongespräch führt, wie man ein Hotelzimmer reserviert
Landeskunde:	Unterkunft, Strände (*Guida blu*), E-Mail-Reservierungen
Italien:	Venedig

5 Im Hotel – In albergo 39

Lernziele:	Wie man an der Rezeption eincheckt, wie man sich nach der Lage des Zimmers erkundigt, wie man fragt, ob das Frühstück inbegriffen ist, wie man ausdrückt, dass etwas nicht funktioniert
Landeskunde:	Unterkunft, Camping
Italien:	Toskana

6 In der Bar – Al bar 47

Lernziele:	Wie man etwas in einer Bar bestellt, wie man fragt, was man unternehmen kann, wie man sagt, dass einem etwas (nicht) gefällt, wie man den Weg beschreibt
Landeskunde:	Kaffee, Essen und Trinken in Bars
Italien:	Emilia-Romagna

TEST 1 55

7 **Im Restaurant – Al ristorante** 57

Lernziele: Wie man sich nach dem Essen erkundigt und etwas in einem Restaurant bestellt, wie man um eine Empfehlung bittet, wie man sagt, dass man etwas anderes bestellt hat, wie man um die Rechnung bittet

Landeskunde: Italienische Küche, Speisekarte

Italien: Sizilien

8 **In Verbindung sein – Rimanere in contatto** 65

Lernziele: Wie man fragt, ob es WLAN im Zimmer gibt, wie man nach dem Passwort fragt, wie man sagt, dass etwas nicht funktioniert, wie man über Probleme beim Skypen™ spricht

Landeskunde: Internet, Telefonieren

Italien: Kampanien

9 **In der Bank und auf der Post – In banca e alla posta** 73

Lernziele: Wie man bei Problemen am Geldautomaten reagiert, wie man im Tabakladen Briefmarken und anderes kauft, wie man auf der Post eine Sendung aufgibt

Landeskunde: Bank, Post

Italien: Sardinien

10 **Auf Reisen – In viaggio** 81

Lernziele: Wie man sich nach dem richtigen Fahrschein erkundigt, wie man fragt, welches Verkehrsmittel man am besten nimmt, wie man ein Fahrrad mietet, wie man Small Talk macht, wie man das Wetter beschreibt

Landeskunde: Das richtige Ticket, Fußball

Italien: Ligurien

11 **Einkaufen – Fare spese** 89

Lernziele: Wie man auf dem Markt Obst und Gemüse kauft, wie man Kleidung kauft, sich nach der Größe erkundigt und fragt, ob man etwas Bestimmtes anprobieren kann

Landeskunde: Mode, Läden

Italien: Piemont und Aosta-Tal

12 **Gesundheitsprobleme – Problemi di salute** 97

Lernziele: Wie man in einer Apotheke Medikamente kauft, wie man sagt, was einem passiert ist und wo es einem wehtut, wie man sagt, dass man versichert ist

Landeskunde: Krankenversicherung, Apotheken und Krankenhäuser, im Wartezimmer

Italien: Apulien

TEST 2 105

Grammatik im Überblick ... 107

Lösungen der Übungen und Transkription der Hörtexte ... 123

Alphabetischer Wortschatz Italienisch – Deutsch ... 138

Lerntipps

Im Folgenden geben wir Ihnen ein paar Tipps, wie Sie mit **Italienisch zum Mitreden** am besten lernen.

- Überfordern Sie sich nicht, indem Sie zu viel Lernstoff auf einmal bearbeiten, lernen Sie lieber regelmäßig: 30 bis 40 Minuten reichen als tägliche Einheit.
- Hören Sie einen Dialog ein erstes Mal, ohne dabei den Text zu lesen und versuchen Sie zunächst, nur zu erfassen, um was es in dem jeweiligen Dialog geht. Hören Sie dann die Tonaufnahmen erneut und lesen Sie den Dialog im Buch mit. Wenn Sie alles verstanden haben und auch den italienischen Satzbau nachvollziehen können, hören Sie den Dialog ein weiteres Mal: zuerst mit dem Text vor Augen und dann erneut ohne. Gerade als Anfänger ist es normal, dass sich Ihre Ohren an die fremden Laute gewöhnen müssen. Deshalb hilft es, die Tonaufnahmen immer wieder zu hören, um sich mit den Lauten und der Betonung vertraut zu machen.
- In der Rubrik „Worauf es ankommt" und der Randspalte neben jedem Dialog lernen Sie das Vokabular eines Dialogs und wichtige Strukturen kennen. Falls Sie trotzdem Verständnisprobleme haben, finden Sie im Lösungsteil ab Seite 123 den entsprechenden Dialog auch in deutscher Übersetzung.
- Werden Sie aktiv und sprechen Sie alle Sätze eines Dialogs laut und deutlich nach. Zur Selbstkontrolle kann es nützlich sein, Ihre eigene Stimme – z. B. mit dem Smartphone – aufzunehmen und sich anzuhören. Aber setzen Sie sich nicht unter Druck!
- Beim Bearbeiten der Übungen ist es wichtig, dass Sie zuerst versuchen, jede Übung alleine zu meistern, ohne dabei in den Lösungen nachzusehen.
- Um die neuen Wörter und Wendungen zu lernen, können Sie sich ein Vokabelheft oder Karteikarten erstellen. Wichtig ist, dass Sie einzelne Wörter nicht alleine, sondern im Kontext – z. B. in einem Satz – lernen, denn dann prägt sich Ihnen der Begriff besser ein.
- Als zusätzliche Übung können Sie solche Anwendungsbeispiele im Wortschatzverzeichnis auf die Linie neben jeden Eintrag schreiben. Auch Eselsbrücken oder andere Hinweise wie „falsche Freunde" (also ähnlich klingende Wörter, die aber im Deutschen eine andere Bedeutung haben) können Sie hier eintragen.
- Gehen Sie erst zur nächsten Lektion weiter, wenn Ihnen die Inhalte der aktuellen Lektion keine Schwierigkeiten mehr bereiten.

1

Erste Kontakte – Primi contatti

Schon längst bekannt, nicht wahr?

So ein bisschen Italienisch kann doch jeder. Sicher haben Sie die eine oder andere der folgenden Floskeln schon mal gehört. Können Sie ihnen jeweils die richtige deutsche Übersetzung zuordnen?

1. Buongiorno.	a. Wie geht's dir?
2. Arrivederci.	b. Hallo. / Tschüss.
3. Ciao.	c. Danke.
4. Come stai?	d. Auf Wiedersehen.
5. Grazie.	e. Hallo. *(am Telefon)*
6. Pronto.	f. Guten Tag.

Was Sie in dieser Lektion lernen:
- wie man jemanden begrüßt und sich verabschiedet.
- wie man jemanden anredet und nach dem Befinden fragt.
- wie man jemanden vorstellt.
- wie man jemanden willkommen heißt.

Weltsprache *italiano*
Italienisch (weltweit ca. 70 Millionen Sprecher) ist Amtssprache in Italien, in der Schweiz, in San Marino und im Vatikan. Große italienischstämmige Minderheiten gibt es außerdem in vielen Ländern Europas, in Nord- und Südamerika sowie in Australien.

Buongiorno. Come sta?

Hören Sie sich den folgenden Dialog an. ▶ 1

- ■ Buongiorno, signor Müller.
- ● Ah buongiorno, signora Di Marco! Come sta?
- ■ Molto bene, grazie. E Lei?
- ● Anch'io bene, grazie. Le presento mia moglie.
- ■ Molto piacere.
- ▲ Molto lieta.
- ■ E questo è mio marito.
- ◆ Molto lieto.
- ■ Ma ecco il nostro treno … Allora arrivederci.
- ● Arrivederci e buon viaggio!

Worauf es ankommt

Begrüßung formell
Tagsüber: buongiorno *(guten Morgen/gutenTag)*,
nach Sonnenuntergang: buonasera *(guten Abend)*.

Verabschiedung formell
Arrivederci *(auf Wiedersehen)* oder noch etwas formeller: ArrivederLa.
Zusätzlich: Wünsche wie buon viaggio *(gute Reise)*, buona giornata *(einen schönen Tag)*, buona serata *(einen schönen Abend)*, buona passeggiata *(einen schönen Spaziergang)* oder buona fortuna *(viel Glück)*.

Sehr erfreut!
Lernt man jemanden kennen, so sagt man molto piacere oder molto lieto/lieta *(beide: sehr erfreut)*. Bei der zweiten Variante sagt der Mann molto lieto und die Frau molto lieta.

Ein bisschen Grammatik

Man unterscheidet im Italienischen männliche und weibliche Hauptwörter. Die häufigsten bestimmten Artikel heißen il für männliche und la für weibliche Hauptwörter.

il marito	der (Ehe-)Mann
il signore	der Herr
la signora	die Dame
la moglie	die (Ehe-)Frau

Herr & Frau
signora
Frau …, meine Dame
signor …
Herr …
signore
mein Herr

Das werte Befinden?
(Lei,) come sta?
Wie geht es Ihnen?
Come va?
Wie geht es Ihnen?
Molto bene.
Sehr gut.
(Va) bene.
(Es geht mir) gut.
(Sto) bene.
(Mir geht es) gut.
Anch'io (sto) bene.
(Mir geht es) auch gut.

Jemanden vorstellen
Le presento …
Ich stelle Ihnen … vor.
Questo/Questa è …
Das ist …
Ecco …
Hier ist …
mia moglie
meine (Ehe-)Frau
mio marito
mein (Ehe-)Mann

Aussprache
g vor a, o und u wie g in „Gans"
g vor e und i wie dsch in „Dschungel"
c vor a, o und u wie k in „Kopf"
c vor e und i wie tsch in „Quatsch"

Übungen

1A

1 Verständnis und Aussprache

Verstehen Sie die folgenden Wendungen? ▶ 2
Dann sprechen Sie sie bitte nach!

1. Buongiorno.
2. Come va?
3. Bene, grazie.
4. E Lei, come sta?
5. Molto piacere.
6. Arrivederci.

2 Welche Antwort passt?

Hier macht nur eine Erwiderung Sinn. Wissen Sie, welche?

1. Buonasera.
   a. Buonasera.
   b. Grazie, e Lei?
2. Come va?
   a. Molto piacere.
   b. Molto bene, grazie.
3. Questa è mia moglie.
   a. ArrivederLa.
   b. Molto lieto.
4. Come sta?
   a. Bene, grazie.
   b. Anch'io.

3 Bitte einsetzen

Setzen Sie die Wörter 1 – 6 in den Beispielsatz ein.

Le presento ...
1. mia moglie
2. mio marito
3. la mia fidanzata
4. il mio fidanzato
5. la mia ragazza
6. il mio ragazzo

la mia fidanzata = meine Verlobte
il mio fidanzato = mein Verlobter
la mia ragazza = meine Freundin
il mio ragazzo = mein Freund

4 Was passt zueinander?

Finden Sie die deutsche Entsprechung jedes italienischen Satzes?

1. Buongiorno.	a. Nicht schlecht.
2. Arrivederci.	b. Es geht gut, danke.
3. Non c'è male.	c. Sehr erfreut.
4. Anch'io sto bene.	d. Auf Wiedersehen.
5. Va bene, grazie.	e. Mir geht es auch gut.
6. Molto lieta.	f. Guten Tag.

Ciao, come stai?

Hören Sie sich den folgenden Dialog an. ▶ 3

- ● Ciao, Francesca, come va?
- ■ Ciao, Markus! Bene, grazie. E tu, come stai?
- ● Mah, non molto bene: sono un po' stanco …
- ■ Ah, mi dispiace! … Ti presento Roberto, un amico.
- ▲ Ciao.
- ● Ciao, Roberto.
- ■ E chi è la tua amica?
- ● Lei è Susanne.
- ■ Benvenuta a Roma, Susanne!
- ◆ Grazie.

Worauf es ankommt

Begrüßung & Verabschiedung unter Freunden

Ciao oder salve *(beide: hallo, grüß dich)*. Zu mehreren jungen Leuten: ciao ragazzi/ragazze. Speziell ciao kann man auch für die Verabschiedung verwenden: *tschüss*, alternativ: ci vediamo *(man sieht sich)* oder alla prossima *(bis zum nächsten Mal)*.

Willkommen

Zu einem Mann: benvenuto, zu einer Frau: benvenuta, zu mehreren Personen: benvenuti, zu einer Gruppe von Frauen: benvenute.

Ein bisschen Grammatik

Verben in der 1. Person Einzahl enden im Präsens (Gegenwart) auf -o, in der 2. Person auf -i, für die 3. Person gibt es verschiedene Endungen.

(io) presento	ich stelle vor
(io) sono	ich bin
(io) sto	ich bin/bleibe
(tu) sei	du bist
(tu) stai	du bist/bleibst
(lui/lei, Lei) è	er/sie ist, Sie sind (Einzahl)
(lui/lei, Lei) presenta	er/sie stellt vor, Sie stellen vor
(lui/lei, Lei) sta	er/sie ist/bleibt, Sie sind/bleiben

Wie geht's?

Come va?
Wie geht's dir denn so?

Come stai?
Wie geht's dir?

Non sto bene.
Mir geht's nicht gut.

Non sto molto bene.
Mir geht's nicht besonders gut.

Was man halt so ist …

Sono …
Ich bin …

occupato/occupata
beschäftigt

stanco/stanca
müde

malato/malata
krank

Sorry!

mi dispiace
es tut mir leid

Jemanden vorstellen

Ti presento …
Ich stelle dir … vor.

il mio amico
meinen Freund

il mio collega
meinen Kollegen

la mia amica
meine Freundin

la mia collega
meine Kollegin

ohne Artikel:
mio fratello
meinen Bruder

mia sorella
meine Schwester

Übungen

1 Verständnis und Aussprache

Verstehen Sie die folgenden Sätze? ▶ 4
Dann sprechen Sie sie bitte nach!

1. Ciao ragazzi.
2. Come stai?
3. Non sto molto bene.
4. E tu, come stai?
5. Oggi sono molto stanco.
6. Ci vediamo.

2 Welches Possessivpronomen passt?

Hier macht nur eine Kombination Sinn. Wissen Sie, welche?

1. È mia ...	a. marito
2. È mio ...	b. fratello
	c. sorella
	d. moglie

3 Hören und verstehen

Hören Sie sich aufmerksam den Text an und beantworten Sie folgende Fragen. ▶ 5

1. Come sta Roberta?	a. Sta bene.
	b. Sta molto bene.
2. Mario è stanco?	a. No, è malato.
	b. Sì, è stanco.
3. Chi presenta Roberta?	a. Presenta il fratello.
	b. Presenta la sorella.
4. Mario è un amico?	a. Sì, è un amico.
	b. No, è un collega.

4 Was passt zueinander?

Finden Sie die deutsche Entsprechung jedes italienischen Satzes?

1. Salve.	a. Wie geht's dir?
2. Come stai?	b. Und wer ist er?
3. Mi dispiace!	c. Hallo.
4. Non sto bene.	d. Ich bin müde.
5. Sono stanco.	e. Es geht mir nicht gut.
6. E chi è lui?	f. Das tut mir leid!

Das Wichtigste auf einen Blick

Freunde & Verwandte 6

moglie
(Ehe-)Frau

marito
(Ehe-)Mann

fidanzata
Verlobte

fidanzato
Verlobter

compagna
Lebensgefährtin

compagno
Lebensgefährte

ragazza
feste Freundin

ragazzo
fester Freund

amica
Freundin

amico
Freund

sorella
Schwester

fratello
Bruder

Begrüßung und Verabschiedung

buongiorno	guten Morgen/guten Tag
buonasera	guten Abend
salve – ciao	hallo – grüß dich/tschüss
arrivederci	auf Wiedersehen
alla prossima	bis zum nächsten Mal

Wünsche

buon viaggio	gute Reise
buona giornata	einen schönen Tag
buona serata	einen schönen Abend
buona passeggiata	einen schönen Spaziergang
buona fortuna	viel Glück

Sehr erfreut!

ein Mann sagt: molto lieto *eine Frau sagt:* molto lieta	sehr erfreut
molto piacere	angenehm

Befinden

Come va?	Wie geht's?
(Lei,) come sta?	Wie geht es Ihnen?
Come stai?	Wie geht's dir?
Molto bene.	Sehr gut.
Benissimo.	Sehr gut. / Ausgezeichnet.
Non c'è male.	Nicht schlecht.
Così così.	So lala.
Non sto (molto) bene.	Mir geht es nicht (besonders) gut.

Vorstellen

Le presento ...	Ich stelle Ihnen ... vor.
Ti presento ...	Ich stelle dir ... vor.
Ecco ...	Hier ist ...

Du und Sie

1

Lo sapevate? – Wussten Sie?

Im Italienischen verhält es sich mit dem „Sie" *(Lei)* und „du" *(tu)* ähnlich wie im Deutschen. Gleichaltrige, allgemein junge Leute, aber natürlich auch Freunde, Kollegen, Bekannte und Verwandte duzen *(dare del tu)* sich in der Regel. Anders als in vielen deutschen Firmen ist in Italien das *tu* übrigens auch unter Mitarbeitern einer Firma üblich, selbst wenn diese in einem gewissen hierarchischen Verhältnis – z. B. Chef-Mitarbeiter – zueinander stehen. Gesiezt *(dare del Lei)* werden v. a. Unbekannte und ältere Respektspersonen. Wer seinen Gesprächspartner siezt, sollte diesen am besten mit dem Nachnamen anreden. Man stellt ihm ein *signora* ... (Frau ...) oder *signor* ... (Herr ...) voran. Kennt man den Nachnamen nicht, so kann man auch einfach nur *signora* (meine Dame) bzw. *signore* (mein Herr) sagen, wobei dies weit weniger antiquiert klingt als im Deutschen. Die Anrede *signorina* (Fräulein) für junge Frauen kann man immer noch recht häufig hören, wenn es auch langsam aus der Sprache der jungen Generation verschwindet. Immer noch häufig verwendet man hingegen Titel wie *Dottore/Dottoressa (Dott./Dott.ssa)* bzw. Berufsbezeichnungen wie *avvocato* (Anwalt) oder *ingegnere* (Ingenieur), die dem Nachnamen vorangestellt werden.

Begrüßungszeremonien

Unter Unbekannten ist es auch in Italien üblich, sich die Hände zu schütteln *(stringere la mano)*. Unter Bekannten, Verwandten und Freunden gibt man sich einen angedeuteten Wangenkuss, meist einmal rechts und einmal links, wobei sich die Wangen berühren und man in Richtung Ohr „in die Luft" küsst. Dieser sogenannte *bacio* ist zwischen Männern und Frauen sowie Frauen und Frauen üblich; Männer „küssen" Männer nicht immer in Italien, außer wenn sie verwandt sind.

Auf nach Italien

Per cominciare – Vorneweg

Glückwunsch! Sie haben die erste Lektion dieses Kurses erfolgreich gemeistert und befinden sich auf dem besten Weg, bald auch sprachlich fit für einen Aufenthalt in *Bella Italia* zu sein. Egal ob Sie den „Stiefel" als Bade- oder Kulturtourist besuchen, mit italienischen Grundkenntnissen werden Sie überall zwischen Bozen und Palermo offene Türen einrennen. Auf den etwa 1.200 km, die Italien von Norden bis Süden misst, bieten sich zahllose Möglichkeiten, eine unvergessliche Zeit zu verbringen. Als Kernland des antiken Römischen Reiches, aber auch als Ursprungsland der Renaissance finden sich praktisch überall Zeugen und Überbleibsel aus vergangenen Jahrhunderten. Doch das Land am Mittelmeer ist nicht nur Vergangenheit, sondern auch Gegenwart. Und mit einer Bevölkerung von etwa 60 Millionen Menschen gehört es zu den wichtigsten Ländern der Europäischen Union und ist damit insgesamt für den ganzen „Alten Kontinent" durchaus zukunftsweisend. Nun, wo auch immer Sie in Italien auf Erkundungstour gehen mögen, mit dem Nötigsten an Italienisch „im Gepäck" wird jeder Aufenthalt sicherlich ein voller Erfolg!

2

Sich kennenlernen – Fare conoscenza

Was Sie in dieser Lektion lernen:

- wie man die Nationalität, den Beruf, den Familienstand und den Namen erfragt und angibt.
- wie man fragt, ob jemand Kinder oder Geschwister hat.

Nicht immer ganz leicht!

Viele unserer Städte haben eigene italienische Namen. Können Sie jedem italienischen Namen seine deutsche Entsprechung zuordnen?

1. Berlino	a. Zürich
2. Colonia	b. Frankfurt
3. Francoforte	c. Wien
4. Monaco	d. München
5. Vienna	e. Berlin
6. Zurigo	f. Köln

Wichtige Ländernamen
Austria (Österreich), **Francia** (Frankreich), **Germania** (Deutschland), **Grecia** (Griechenland), **Inghilterra** (England), **Italia** (Italien), **Olanda** (Holland), **Polonia** (Polen), **Portogallo** (Portugal), **Spagna** (Spanien), **Svizzera** (Schweiz), **Turchia** (Türkei)

Sono tedesco. E Lei, di dov'è?

Hören Sie sich den folgenden Dialog an. ▶ 7

- ● Mi scusi, è libero qui?
- ■ Sì sì, prego ...
- ● Grazie.
- ■ Mi scusi, ma ... Lei non è italiana, vero?
- ● No no, sono tedesca. Di Francoforte. E Lei, di dov'è?
- ■ Io sono di Milano, ma abito a Roma.
- ● Che bella città! Va a Firenze anche Lei?
- ■ Sì, per lavoro, sono architetto. E Lei, che lavoro fa?
- ● Io sono impiegata, lavoro in una banca. Adesso però sono in vacanza.
- ■ E è qui in Italia da sola?
- ● No, sono con mio marito!
- ■ Ah, allora Lei è sposata ...?
- ● Sì, ho anche due figli. E Lei, anche Lei è sposato? ...

Worauf es ankommt

Höflichkeitsfloskeln

Mi scusi *(Entschuldigung, verzeihen Sie [mir])*, grazie *(danke)* oder grazie mille *(tausend Dank)*, darauf antwortet man: prego *(bitte sehr)* oder di niente *(keine Ursache)*.

Herkunft

Sono ... *(Ich bin ...)*: tedesco *(Deutscher)*, italiano *(Italiener)*, inglese *(Engländer/in)*, francese *(Franzose/Französin)*, spagnolo *(Spanier)*, polacco *(Pole)*, turco *(Türke)*. Aber auch: Sono di ... *(Ich bin aus ...)* Roma *(Rom)*, Firenze *(Florenz)* usw.

Familienstand

Sono ... *(Ich bin ...)*: sposato *(verheiratet)*, divorziato *(geschieden)*, separato *(getrennt)*, fidanzato *(verlobt)*.

Ein bisschen Grammatik

Männliche Haupt- und Eigenschaftswörter, die auf -o enden, können weiblich werden, wenn man -o durch -a ersetzt:

tedesca *(Deutsche)*, italiana *(Italienerin)*, spagnola *(Spanierin)*, polacca *(Polin)*, turca *(Türkin)*, sposata *(verheiratet)*. Haupt- und Eigenschaftswörter auf -e können männlich oder weiblich sein: inglese *(Engländer, Engländerin)*.

Welche Nationalität?

Lei è italiano/-a?
Sind Sie Italiener/in?

Sei italiano/-a?
Bist du Italiener/in?

(Lei,) di dov'è?
Woher sind Sie?

(No,) sono ...
(Nein,) ich bin ...

tedesco/-a
Deutsche/r

austriaco/-a
Österreicher/in

svizzero/-a
Schweizer/in

Sono (di) ...
Ich bin (aus) ...

Abito a ...
Ich wohne in ...

Vado a ...
Ich gehe/fahre nach ...

Welchen Beruf?

Che lavoro fa?
Was sind Sie von Beruf?

Che lavoro fai?
Was bist du von Beruf?

Lavoro ...
Ich arbeite...

in una banca
bei einer Bank

in un ufficio
in einem Büro

Und der Familienstand?

(Lei) è sposato/-a?
Sind Sie verheiratet?

(Tu) sei sposato/-a?
Bist du verheiratet?

Aussprache

ch vor e und i wie k in „kess"
gh vor e und i wie g in „Geld"

Übungen

2A

1 Verständnis und Aussprache

Sicher verstehen Sie die folgenden Sätze. ▶ 8
Na dann bitte mal nachsprechen!

1. Mi scusi, è libero qui?
2. Mio marito è di Berlino, e Lei, di dov'è?
3. Sono avvocato, e Lei, che lavoro fa?
4. Lei adesso è in vacanza, vero?
5. Sono sposato e ho due figli.
6. Sono segretaria, lavoro in una banca.

2 Bitte ordnen Sie

In dieser Übung sind die Sätze eines Dialogs durcheinandergeraten. Können Sie sie so ordnen, dass sie wieder einen Sinn ergeben? Zur Kontrolle hören Sie sich den Dialog an. ▶ 9

_ Che bella città! E perché va a Roma?
_ No no, sono tedesco. Ma abito a Venezia.
_ Allora buon viaggio.
_ Per lavoro. E Lei è in vacanza, vero?
_1_ Buonasera. Mi scusi, ma Lei non è italiano, vero?
_ Sì, adesso non lavoro, sono in vacanza.

3 Passende Formulierungen

Finden Sie im letzten Dialog die passenden Formulierungen für folgende Gesprächssituationen.

1. fragen, ob der Sitzplatz frei ist
2. jemanden nach seiner Herkunft fragen
3. sagen, dass man in der Stadt ... wohnt
4. jemanden nach seinem Beruf fragen
5. sagen, dass man den Beruf ... ausübt
6. sagen, dass man verheiratet ist

4 Was passt zueinander?

Welche Nationalität haben folgende Personen? Können Sie immer einer Person ein Eigenschaftswort zuordnen?

1. DJ Ötzi	a. è inglese.
2. Jean Reno	b. è francese.
3. Monica Bellucci	c. è austriaco.
4. David Beckham	d. è italiana.
5. Heidi Klum	e. è svizzero.
6. Roger Federer	f. è tedesca.

Nationalitäten
tedesco/-a (Deutsche/r), **austriaco/-a** (Österreicher/in), **svizzero/-a** (Schweizer/in), **italiano/-a** (Italiener/in), **inglese** (Engländer/in), **francese** (Franzose/Französin), **spagnolo/-a** (Spanier/in), **polacco/-a** (Pole/Polin), **turco/-a** (Türke/Türkin)

Wie ist der werte Name?
Mi chiamo ...
Ich heiße ...

... e Lei/tu?
... und Sie/du?

Come si chiama (lui/lei/ Suo marito/Sua moglie)?
Wie heißt er/sie/ Ihr Ehemann/Ihre Ehefrau?

Si chiama ...
Er/Sie heißt ...

Lei è il signor Rossi?
Sind Sie Herr Rossi?

Tu sei Giovanni?
Bist du Giovanni?

Wer hat, der hat ...
(Lei) ha ...?
Haben Sie ...?

(Tu) hai ...?
Hast du ...?

(Non) ho ...
Ich habe (nicht/kein[e]) ...

figli
Kinder, Söhne

fratelli
Geschwister

un fratello
einen Bruder

una sorella
eine Schwester

Berufe
(Tu) sei ...
Du bist ...

commesso/-a
Verkäufer/in

impiegato/-a
Angestellte/r

studente
Student

pensionato/-a
Rentner/in

Come ti chiami?

Hören Sie sich den folgenden Dialog an. ▶ 10

- ● Ciao, tu sei Susanne, vero?
- ■ Sì ... e tu, come ti chiami, scusa?
- ● Mi chiamo Roberto, sono l'amico di Francesca!
- ■ Ah sì ...
- ● Susanne ... sei tedesca, vero?
- ■ Sì, vengo da Amburgo.
- ● E sei qui da sola?
- ■ No, con mio fratello.
- ● Ah, hai un fratello?
- ■ Sì, e anche una sorella. E tu?
- ● No, non ho fratelli. Sono figlio unico.
  Ah ... perché sei in Italia? Sei studentessa?
- ■ Sì, studio italiano. E tu, che cosa fai?
- ● Io lavoro in un negozio di computer ...
- ■ Ah, interessante! Beh, allora a presto ...
- ● Ciao, a presto!

Worauf es ankommt

Nomen est Omen
Nach dem Namen fragt man: (Tu,) come ti chiami? *(Wie heißt du?)* bzw. (Lei,) come si chiama? *(Wie heißen Sie?)*

Herkunft
Vengo da ... *(Ich komme aus ...)*, vieni da ... *(du kommst aus ...)*, Lei viene da ... *(Sie kommen aus ...)*

Ein bisschen Grammatik

Vor männlichen Hauptwörtern: mio (*mein*), tuo (*dein*), Suo (*Ihr*), z. B. mio fratello e tuo marito (*mein Bruder und dein Ehemann*). Vor weiblichen Hauptwörtern: mia (*meine*), tua (*deine*), Sua (*Ihre*), z. B. mia moglie e Sua figlia (*meine Ehefrau und Ihre Tochter*).

Noch etwas mehr Grammatik

Der unbestimmte Artikel lautet für männliche Hauptwörter un: un figlio (*ein Sohn*) und für weibliche una: una figlia (*eine Tochter*) bzw. vor weiblichen Hauptwörtern, die mit Vokal beginnen, un': un'amica (*eine Freundin*).

Übungen

2B

1 Verständnis und Aussprache

Das Verständnis und die Aussprache sind das A und O jeder Sprache. Bitte die folgenden Sätze wiederholen! ▶ 11

1. Tu sei Alessandro, vero?
2. Come ti chiami?
3. Mi chiamo Francesca, e tu?
4. Sono tedesco e vengo da Magonza.
5. Ma scusi, Lei ha fratelli?
6. Sono studente, studio tedesco.

Magonza = Mainz

2 Welches Verb passt?

Lesen Sie die Sätze und ergänzen Sie die fehlenden Verben.

è – chiamo – lavoro – chiama – vieni – sei

1. Lei, come si ____________?
2. ____________ da Berna, vero?
3. Mia sorella ____________ commessa.
4. Mi ____________ Giovanni.
5. Io ____________ in un ufficio.
6. Perché ____________ in Italia?

3 Hören und verstehen

Hören Sie sich aufmerksam den Text an und beantworten Sie die Fragen. ▶ 12

1. Da dove viene Roberto?
   a. Viene da Palermo.
   b. Viene da Parma.
2. Susanne è tedesca?
   a. No, è austriaca.
   b. Sì, è tedesca.
3. È sposata, vero?
   a. Sì, è sposata.
   b. No, è divorziata.

4 Können Sie's zuordnen?

Bitte ordnen Sie den deutschen Sätzen ihre italienischen Entsprechungen zu.

1. Also bis bald ...	a. E hai fratelli?
2. Warum bist du in Italien?	b. Lei è insegnante?
3. Wie heißt deine Schwester?	c. Allora a presto ...
4. Sind Sie Lehrer?	d. E tu, che cosa fai?
5. Und was machst du?	e. Perché sei in Italia?
6. Und hast du Geschwister?	f. Come si chiama tua sorella?

Das Wichtigste auf einen Blick

Berufe ▶ 13

avvocato
Anwalt/Anwältin

architetto
Architekt/in

medico
Arzt/Ärztin

segretaria
Sekretärin

impiegato/-a
Angestellte/r

studente/studentessa
Student/in

insegnante
Lehrer/in

casalinga
Hausfrau

pensionato/-a
Rentner/in

commesso/-a
Verkäufer/in

informatico
Informatiker/in

operaio/-a
Arbeiter/in

imprenditore
Unternehmer

commerciante
Händler/in

ingegnere
Ingenieur/in

rappresentante
Vertreter/in

Nationalität	
Lei è italiano/-a?	Sind Sie Italiener/in?
Sei italiano/-a?	Bist du Italiener/in?
(Lei,) di dov'è?	Woher sind Sie?
(Tu,) di dove sei?	Woher bist du?
(No,) sono ...	(Nein,) ich bin ...

Herkunft	
Da dove viene?	Woher kommen Sie?
Da dove vieni?	Woher kommst du?
Vengo da ...	Ich komme aus ...
Sono di ...	Ich bin aus ...
Abito a ...	Ich wohne in ...

Beruf	
Che lavoro fa?	Was sind Sie von Beruf?
Che lavoro fai?	Was bist du von Beruf?
Sono ...	Ich bin ...
Lavoro ...	Ich arbeite ...
in una banca	bei einer Bank
in un ufficio	in einem Büro
in un'assicurazione	bei einer Versicherung
in un negozio	in einem Geschäft

Familienstand	
(Lei) è sposato/-a?	Sind Sie verheiratet?
(Tu) sei sposato/-a?	Bist du verheiratet?
Sono ...	Ich bin ...
sposato/-a	verheiratet
divorziato/-a	geschieden
separato/-a	getrennt
fidanzato/-a	verlobt

Name	
Come si chiama?	Wie heißen Sie?
Come ti chiami?	Wie heißt du?
Mi chiamo ...	Ich heiße ...
Sono ...	Ich bin ...

Alter	
(Lei,) quanti anni ha?	Wie alt sind Sie?
(Tu,) quanti anni hai?	Wie alt bist du?
Ho 20 (vent') anni.	Ich bin 20.
Ho 21 (ventun) anni.	Ich bin 21.

Familie

2

Lo sapevate?

In Italien ist die Familie und die Verwandtschaft ein wichtiger Pfeiler der Gesellschaft. Italienische Familien waren traditionell größer als ihre Pendants in Mitteleuropa. Zwar geht der Trend am Stiefel heute auch eher zu einem oder maximal zwei Kindern, aber dafür wohnen diese sehr häufig mit den Eltern unter einem Dach, bis sie selbst eine eigene Familie gründen, und das nicht selten erst als Mittdreißiger. Auch kommt es öfter als bei uns vor, dass die Großeltern (*i nonni*) ebenfalls mit dem Rest der Familie oder zumindest in unmittelbarer Nachbarschaft leben. Dies hat den Vorteil, dass z. B. das Thema Kinderbetreuung nur selten ein Problem darstellt – Opa (*il nonno*) und Oma (*la nonna*) haben traditionell die Rolle der Babysitter für die berufstätigen Eltern (*i genitori*) –, andererseits sind die Berührungspunkte zwischen den Generationen intensiver, was nicht selten den Eindruck vermittelt, dass die familiäre Hierarchie immer noch stark ausgeprägt ist. In diesem Zusammenhang sei erwähnt, dass laut Statistiken der Streit mit der Schwiegermutter (*la suocera*) einen der häufigsten Scheidungsgründe in Italien darstellt!

Roma – Spiegel der Geschichte

Da non perdere! – Sehenswertes

Bei all dem Touristenrummel möchten Sie vielleicht wissen, wo die Römer denn hingehen, um einen schönen Sommerabend zu genießen oder am Wochenende auszugehen. Nun, immer noch angesagt ist *Trastevere*, aber auch die wunderschöne *Piazza Navona* ist, obwohl bei Touristen sehr beliebt, nach wie vor so etwas wie das „Wohnzimmer" der Stadt. Und wo kann man mal alle Viere von sich strecken? Entspannung finden Sie in der *Villa Borghese* und wirklich römisches Flair können Sie z. B. an der *Trinità dei Monti*, oberhalb der *Spanischen Treppe*, erhaschen, vor allem gegen Abend, wenn die Sonne die Stadt in ein warmes Rot taucht. Einfach romantisch! Mehr los ist dagegen tagsüber auf Roms schönstem Markt, dem *Campo de' Fiori*, wo lauthals gefeilscht und geplaudert wird.

Buon appetito! – Regionale Spezialitäten

Rom und die Region *Lazio* erfreuen sich einer äußerst vielfältigen und herzhaften Küche, in der viel Gemüse, wie z. B. Artischocken – probieren Sie doch mal die *carciofi alla giudea*, in Olivenöl knusprig gebratene Artischocken –, verarbeitet werden. Nicht verpassen sollte man die hiesigen Pastagerichte *spaghetti all'amatriciana* (mit Speck, Tomaten und *peperoncini*), *spaghetti alla carbonara* (mit Schinken oder Speck und Eiern) sowie *spaghetti alla puttanesca* (mit Sardellen, Oliven, Kapern und Tomaten), aber auch „exotischere" Fleischgerichte wie die typische *coda alla vaccinara* (Kuhschwanz).

Per esperti – Geheimtipps

Wer genug des Sightseeingstresses hat, dem empfiehlt sich z. B. eine Busfahrt auf den *Gianicolo* genannten Hügel entlang des rechten Tiberufers, von dem aus man ganz entspannt über die *Piazza Garibaldi* bis nach *Trastevere* schlendern kann.

3

Unterwegs – In giro

Unterwegs vor Ort?

Ob im Zug oder mit dem eigenen Auto, wer Italien bereist, sollte bedenken, dass auch einige italienische Städtenamen von ihren deutschen Entsprechungen abweichen. Kennen Sie die deutschen Namen der folgenden Städte? Finden Sie sie auf der Karte?

1. Palermo
2. Firenze
3. Genova
4. Milano
5. Napoli
6. Roma
7. Torino
8. Venezia

Was Sie in dieser Lektion lernen:
- wie man nach der Uhrzeit fragt.
- wie man die Uhrzeit angibt.
- wie man fragt, wann man ankommt und wo man umsteigen muss.
- wie man nach dem Weg fragt.
- wie man fragt, welches Verkehrsmittel man nehmen muss.

Trenitalia
Für den Personen- und Güterverkehr zuständig ist **Trenitalia** mit durchschnittlich etwa 1,5 Millionen Passagieren pro Tag. Für Online-Buchungen: **www.trenitalia.com**

Che ore sono?

Hören Sie sich den folgenden Dialog an. ▶ 14

- Mi scusi, che ore sono?
- Sono le tre e mezza.
- Sa a che ora arriviamo a Firenze?
- Ma questo treno non va a Firenze!
- Come scusi?!
- Per Firenze deve cambiare a Milano e prendere il treno per Napoli. Milano è la prossima stazione.
- E quando arriviamo?
- Non so … Chiediamo al controllore.
- Biglietti prego!
- Ecco. Mi scusi, a che ora arriviamo a Milano?
- Purtroppo abbiamo dieci minuti di ritardo, arriviamo verso le quattro. Ah, Lei deve andare a Firenze. Il treno per Firenze parte alle quattro e un quarto, dal binario 11 (undici).
- Ah va bene. Grazie mille.
- Di niente, buon viaggio!

Worauf es ankommt

Zahlen 0–12

zero *(0)*, uno *(1)*, due *(2)*, tre *(3)*, quattro *(4)*, cinque *(5)*, sei *(6)*, sette *(7)*, otto *(8)*, nove *(9)*, dieci *(10)*, undici *(11)*, dodici *(12)*

Uhrzeit

Nur bei 1 Uhr sowie mezzogiorno *(Mittag)* und mezzanotte *(Mitternacht)*: È l'una/mezzogiorno. *(Es ist 1 Uhr/Mittag.)* Ansonsten: Sono … z. B. Sono le sette. *(Es ist 7 Uhr.)* Außerdem: È/Sono … e mezza. *(Es ist halb …)*, È/Sono … e un quarto. *(Es ist Viertel nach …)*, È/Sono … meno un quarto. *(Es ist Viertel vor …)*

Ein bisschen Grammatik

Verben in der 1. Person Mehrzahl enden im Präsens (Gegenwart) auf -iamo, für die 3. Person Einzahl gibt es bekanntlich verschiedene Endungen: (noi) arriviamo *(wir kommen an)*, (noi) abbiamo *(wir haben)*, (lui/lei) arriva *(er/sie kommt an)*, (lui/lei) parte *(er/sie fährt ab)*.

Uhrzeit

Sa …?
Können Sie mir sagen, …?

Che ore sono?
Wie viel Uhr ist es?

Che ora è?
Wie spät ist es?

A che ora parte il treno?
Wann fährt der Zug ab?

A che ora arriva il treno?
Wann kommt der Zug an?

A che ora arriviamo a …?
Wann kommen wir in … an?

All'una.
Um 1 Uhr.

A mezzogiorno.
Mittags.

A mezzanotte.
Um Mitternacht.

Alle due/tre/quattro.
Um 2/3/4 Uhr.

Alle cinque e mezza.
Um 5.30 Uhr.

Alle sei e un quarto.
Um 6.15 Uhr.

Alle sette meno un quarto.
Um 6.45 Uhr.

Orientierung

Che stazione è questa?
Welche Haltestelle ist das?

Dove siamo?
Wo sind wir?

Siamo a …
Wir sind in …

È la prossima stazione.
Es ist der nächste Halt.

È fra due stazioni.
Es ist der übernächste Halt.

Aussprache

Sprechen Sie doppelte Konsonanten deutlich: *alle, arriviamo, mezza, prossima, sette, viaggio*

Übungen

3A

1 Verständnis und Aussprache

Sprechen Sie bitte diese Sätze nach! Wenn Sie sich den A-Dialog gut durchgelesen haben, sollte auch das Verständnis keine Probleme machen. ▶ 15

1. Scusi signora, che ore sono?
2. Sono le sei e mezza.
3. Quando arriviamo a Napoli?
4. Purtroppo abbiamo cinque minuti di ritardo.
5. Il treno per Parma parte dal binario otto.
6. Arriviamo verso le quattro meno un quarto.

2 Welche Verben passen?

Oh je, hier fehlt doch was! Lesen Sie die Sätze und ergänzen Sie die fehlenden Verben.

deve – va – abbiamo – chiediamo – parte – arriviamo

1. ____________ dieci minuti di ritardo.
2. A che ora ____________?
3. Questo treno non ____________ a Bari.
4. Lei ____________ cambiare a Milano.
5. ____________ al controllore.
6. Il treno per Firenze ____________ alle quattro.

3 Ein bisschen Mathe!

Rechnen auf Italienisch? Halb so wild, man muss sich dazu nur die Wörter **più** (+), **meno** (-) und **uguale** (=) merken.

Nove meno tre uguale **sei.**

1. 9 – 3	4. 8 + 3	7. 10 – 5	10. 3 – 2
2. 7 + 2	5. 5 – 4	8. 2 + 8	11. 11 + 1
3. 12 – 9	6. 1 + 6	9. 4 + 1	12. 7 – 6

4 Wer hat an der Uhr gedreht?

Setzen Sie in den Beispielsatz die angeführten Uhrzeiten ein.

Che ore sono? – **Sono le tre e mezza.**

1. 3.30	4. 5	7. 2.45	10. 6.30
2. 7.15	5. 12	8. 0	11. 8.45
3. 4.45	6. 1.30	9. 11.15	12. 10

È lontano?

Hören Sie sich den folgenden Dialog an. ▶ 16

- Scusi, dov'è l'ufficio informazioni?
- È qui di fronte, ma oggi è chiuso. Può provare in piazza del Duomo.
- È lontano?
- No no, è qui vicino. Può andare a piedi.
- Ma ho le valigie ...
- Allora può prendere l'autobus. Il 12 (dodici). Può comprare il biglietto lì, vede?
- E dov'è la fermata?
- Dunque, deve attraversare la piazza e poi ...
- No no, scusi, non importa. Prendo un taxi. Dov'è la stazione?
- Ah, è qui di fronte, vede?
- Benissimo. Grazie e arrivederci.

Worauf es ankommt

Wo ist ...?
Aus dove *(wo)* und è *(ist)* wird dov'è ...? *(wo ist ...?)*, aber auch: Da dove parte l'autobus per Firenze? *([Von] wo fährt der Bus nach Florenz ab?)*

Hier und da
qui oder qua *(hier)*, lì oder là *(da, dort)*

Ein bisschen Grammatik

In diesem Dialog kommen einige wichtige (unregelmäßige) Verben vor, z. B.:

(lui/lei, Lei) deve	er/sie muss, Sie müssen
(lui/lei, Lei) può	er/sie kann, Sie können
(lui/lei, Lei) vede	er/sie sieht, Sie sehen

Merken Sie sich auch:

(io) devo	ich muss
(io) posso	ich kann

Etwas mehr Grammatik

Die Grundform der Verben endet auf -are, -ere oder -ire, z. B.: andare *(gehen)*, attraversare *(überqueren)*, comprare *(kaufen)*, provare *(probieren, versuchen)*, prendere *(nehmen)* oder finire *(aufhören, beenden)*.

Nach dem Weg fragen
Dov'è ...?
Wo ist ...?
la fermata dell'autobus
die Bushaltestelle
la stazione dei taxi
der Taxistand
la metropolitana
die U-Bahn
l'ufficio informazioni
die Touristeninformation

Wo genau?
È qui.
Er/Sie/Es ist hier.
È qui di fronte.
Er/Sie/Es ist hier gegenüber.
È qui vicino.
Er/Sie/Es ist hier in der Nähe.
È lì.
Er/Sie/Es ist dort.
È un po' lontano.
Er/Sie/Es ist recht weit.
Deve prendere ...
Sie müssen ... nehmen.
Deve attraversare ...
Sie müssen ... überqueren.
Deve scendere a ...
Sie müssen in ... aussteigen.
Deve cambiare a ...
Sie müssen in ... umsteigen.

Auf und zu
È aperto.
Er/Sie/Es ist geöffnet.
È chiuso.
Er/Sie/Es ist geschlossen.

Aussprache
Unterscheiden Sie deutlich dove? (wo?) und dov'è? (wo ist?).

Übungen

3B

1 Verständnis und Aussprache

Verstehen Sie diese Sätze? Dann bitte einfach nachsprechen! ▶ 17

1. Dov'è la fermata dell'autobus?
2. La piazza del Duomo è vicina?
3. È un po' lontano. Può andare a piedi.
4. Dove posso comprare il biglietto?
5. Lì, deve attraversare la piazza.
6. Scusi, non importa. Prendo l'autobus.

2 Ordnung ist die halbe Übung!

Dieser Dialog ist gründlich durcheinandergeraten.
Können Sie ihn wieder richtig ordnen?

__ Allora può prendere un taxi.
__ No, è qui vicino. Può andare a piedi.
__ È qui di fronte, vede?
__ Ma ho le valigie ...
_1_ Scusi, l'ufficio informazioni è lontano?
__ Dov'è la stazione dei taxi?

3 Hören und verstehen

Hören Sie sich aufmerksam den Text an und versuchen Sie, die folgenden Fragen richtig zu beantworten. ▶ 18

cerca = er/sie sucht

1. Cosa cerca Pietro?
   a. L'ufficio informazioni.
   b. La stazione dei taxi.
2. È lontano?
   a. Sì, è lontano.
   b. No, è vicino.
3. È ancora aperto oggi?
   a. No, è chiuso.
   b. Sì, è aperto.

4 Bitte vervollständigen

Setzen Sie die vorgegebenen Wörter in den Mustersatz ein. Alles klar? Ach übrigens, **su** heißt „hinauf" und die Verkehrsmittel finden Sie auf Seite 28.

Per andare **lì**, deve prendere **il tram**.

1. lì – il tram
2. in piazza del Duomo – un taxi
3. su – la funicolare
4. a Firenze – l'autobus
5. in piazza Garibaldi – la metro
6. a Milano – il treno

Das Wichtigste auf einen Blick

Wichtige Ausdrücke 19

Grazie mille.
Vielen Dank.

Di niente.
Keine Ursache.

Buon viaggio!
Gute Reise!

Was man so sucht

la fermata dell'autobus
die Bushaltestelle

l'ufficio informazioni
die Touristeninformation

la sala d'aspetto
der Wartesaal

il ritiro bagagli
die Gepäckabholung

Verkehrsmittel

la metropolitana
die U-Bahn auch: la metro oder il metrò

l'autobus
der Bus – auch: il bus

il tram
die Straßenbahn

la funicolare
die Schienenseilbahn

Im Zug

Questo treno ferma a ...?	Hält dieser Zug in ...?
No, deve cambiare a ...	Nein, Sie müssen in ... umsteigen.
Fra quanto tempo arrivo a ...?	Wann komme ich in ... an?
Fra tre ore.	In drei Stunden.

Am Bahnhof

Che treno devo prendere per andare a ...?	Welchen Zug muss ich nach ... nehmen?
Da che binario parte il treno per ...?	Von welchem Gleis fährt der Zug nach ... ab?
Parte dal binario numero 5.	Er fährt von Gleis 5 ab.
Devo timbrare il biglietto?	Muss ich die Fahrkarte entwerten?
Il treno è in orario.	Der Zug ist pünktlich.
Siamo in ritardo di 10 minuti.	Wir sind 10 Minuten verspätet.

Uhrzeit

(Sa) che ore sono?	Wie viel Uhr ist es?
(Sa) che ora è?	Wie spät ist es?
È l'una.	Es ist 1 Uhr.
È mezzogiorno.	Es ist Mittag.
È mezzanotte.	Es ist Mitternacht.
Sono le due/tre/quattro ...	Es ist 2/3/4 Uhr ...
A che ora parte il treno?	Wann fährt der Zug ab?
A che ora arriva il treno?	Wann kommt der Zug an?
All'una.	Um 1 Uhr.
A mezzogiorno.	Mittags.
A mezzanotte.	Um Mitternacht.
Alle due/tre/quattro.	Um 2/3/4 Uhr.
Alle cinque e mezza.	Um 5.30 Uhr.
Alle sei e un quarto.	Um 6.15 Uhr.

Nach dem Weg fragen

Mi scusi, (sa) dov'è ...?	Verzeihung, wo ist ...?
È qui di fronte.	Er/Sie/Es ist hier gegenüber.
È lì, vede?	Er/Sie/Es ist dort, sehen Sie?
È un po' lontano.	Er/Sie/Es ist recht weit.
Deve prendere ...	Sie müssen ... nehmen.
Deve scendere a ...	Sie müssen in ... aussteigen.
Deve cambiare a ...	Sie müssen in ... umsteigen.

Verkehrsmittel

3

Lo sapevate?
Tickets für öffentliche Verkehrsmittel kauft man in der Regel am Automaten an Haltestellen bzw. U-Bahn-Stationen, Kiosken *(edicola)* oder in Tabakläden – *tabaccaio* bzw. *tabaccheria* genannt –, muss diese aber im jeweiligen Verkehrsmittel entwerten. In vielen Städten haben Touristen die Möglichkeit, sogenannte „Stadtpässe" für mehrere Tage zu kaufen, die neben freier Fahrt auf den öffentlichen Linien auch Ermäßigungen in Museen und anderen Sehenswürdigkeiten bieten.

Reisen in Italien
Bus- und Zugverbindungen bieten eine praktische und verhältnismäßig günstige Möglichkeit, sich von A nach B zu bewegen. Wer auf eine der vielen italienischen Inseln möchte, ist unweigerlich auf Fähr- oder Schnellbootverbindungen – sogenannte *aliscafi* – angewiesen. Fliegen ist oftmals eine sinnvolle Variante, zumal auch in Italien Inlandsflüge immer billiger werden und die Entfernungen z. B. von Norden nach Süden recht erheblich sein können. Übrigens: Bei Abfahrten von Zügen, Flugzeugen etc. gibt man immer die präzise Uhrzeit an: *il treno parte alle 15.25 (quindici e venticinque).*

Per pedes!
Man muss ja nicht unbedingt motorisiert unterwegs sein ... In Italien können auch Reisende, die gut zu Fuß sind, eine unvergessliche Zeit verbringen, z. B. auf der *Via Francigena*, dem historischen Frankenweg, den Pilger auf ihrem Weg von Franken nach Rom zur Grabstätte der Apostel Petrus und Paulus nutzten und der eine Art italienisches Pendant zum Jakobsweg darstellt, nur eben viel weniger frequentiert wird. Nicht ganz so lang, aber ebenfalls bewandernswert ist der *Cammino di Assisi* von *Dovadola* in der *Emilia-Romagna* bis nach *Assisi* in *Umbria* quer durch die *Appennini*.

Milano – Hauptstadt der Mode

Da non perdere! – Sehenswertes
Milano ist die zweitgrößte Stadt Italiens und der wirtschaftliche Motor des Landes. Klar, dass da fast überall 'ne Menge los ist, vor allem bei den Hauptsehenswürdigkeiten, dem *Duomo* und der *Galleria Vittorio Emanuele II.* Umso erstaunter wird man sein, wenn man zu einem geradezu beschaulichen Spaziergang entlang der *Navigli* genannten Kanäle aufbricht. Hier finden sich auch viele gemütliche Lokale, in denen man bei einem entspannten Mittagessen einfach mal den Trubel hinter sich lassen kann.

Buon appetito! – Regionale Spezialitäten
In der Region *Lombardia* liebt man fleischreiche Kost, wie z. B. die weltberühmten *scaloppine* (Schnitzel), *ossobuco* (geschmorte Kalbshaxe, bei der das Knochenmark der Leckerbissen ist!), *arrosto di maiale* (Schweinekeule) oder die leckeren *cotolette* (Kotletts). Wem dagegen mehr nach fleischloser Kost zumute ist, der sollte mal ein echtes *risotto alla milanese* (durch Safran gelb gefärbter, in Weißwein gekochter Reis) probieren. Auf keinen Fall entgehen lassen darf man sich in Mailand natürlich den Aperitif vor dem Essen (am besten mit einem *Campari*), eine Art lokaler Volkssport!

Per esperti – Geheimtipps
Wer zum Shopping nach *Milano* kommt, muss dies nicht unweigerlich im exklusiven *triangolo d'oro* (goldenen Dreieck) inmitten der Innenstadt tun, alternative Einkaufsgegenden, in denen die Preise noch überraschend erschwinglich sind, sind z. B. der *Corso Buenos Aires*, der *Corso Vercelli* und der *Corso XXII Marzo*.

4

Ein Zimmer suchen – Cercare una camera

Was Sie in dieser Lektion lernen:
- wie man eine Unterkunft sucht.
- wie man das Datum angibt.
- wie man ein Telefongespräch führt.
- wie man ein Hotelzimmer reserviert.

Die richtige Unterkunft gefunden?

In Italien haben Sie eine große Auswahl an Übernachtungsmöglichkeiten. Können Sie sich unter den folgenden etwas vorstellen? Wenn nicht, finden Sie auf Seite 37 mehr Informationen dazu. Wo übernachten Sie, wenn Sie in Italien sind?

1. albergo
2. bed & breakfast
3. camping
4. ostello
5. pensione
6. agriturismo

ENIT
Die staatlichen italienischen Fremdenverkehrsämter **Ente Nazionale Italiano per il Turismo (ENIT)** informieren unter: **www.enit.it.**

Vor Ort
Jede Region Italiens hat ihre eigenen Tourismusorganisationen, die Informationsbüros betreiben, Broschüren herausgeben sowie Unterkünfte vermitteln.

Cerco un albergo.

Hören Sie sich den folgenden Dialog an. ▶ 20

- ● Buongiorno, posso aiutarLa?
- ■ Sì, cerco un albergo qui a Firenze.
- ● Per quando?
- ■ Da oggi per tre notti.
- ● Allora dal 14 al 17 agosto. A quante stelle?
- ■ Tre.
- ● Vuole una singola o una doppia?
- ■ Una matrimoniale ...
- ● Allora ... c'è l'albergo "Il Moro". Una matrimoniale costa 95 euro a notte.
- ■ Mh, è un po' caro ...
- ● Altrimenti c'è "Lo Scudo", viene 70 euro.
- ■ Ed è in centro?
- ● Sì sì, assolutamente! È in piazza San Marco.
- ■ Ah perfetto! Mi può dare il numero di telefono?
- ● Certo: 055 15 23 78.

Worauf es ankommt

Zahlen 13–100

tredici *(13)*, quattordici *(14)*, quindici *(15)*, sedici *(16)*, diciassette *(17)*, diciotto *(18)*, diciannove *(19)*, venti *(20)*, ventuno *(21)*, ventidue *(22)* – siehe Seitenzahlen –, trenta *(30)*, quaranta *(40)*, cinquanta *(50)*, sessanta *(60)*, settanta *(70)*, ottanta *(80)*, novanta *(90)*, cento *(100)*. Das Datum wird mit den Grundzahlen angegeben: il due/tre/... maggio *(der 2./3./... Mai)*, nur für den ersten Tag des Monats wird die Ordnungszahl primo *(erster = 1.)* verwendet:il primo maggio *(der 1. Mai)*.

Monate

gennaio *(Januar)*, febbraio *(Februar)*, marzo *(März)*, aprile *(April)*, maggio *(Mai)*, giugno *(Juni)*, luglio *(Juli)*, agosto *(August)*, settembre *(September)*, ottobre *(Oktober)*, novembre *(November)*, dicembre *(Dezember)*

Ein bisschen Grammatik

Weibliche Hauptwörter, die auf -a enden, „verwandeln" dieses in der Mehrzahl in -e. Männliche Hauptwörter, die auf -o enden, sowie alle Hauptwörter (ob männlich oder weiblich) auf -e ändern dies zu -i:

camera *(Zimmer)* → camere *(Zimmer)*, giorno *(Tag)* → giorni *(Tage)*, notte *(Nacht)* → notti *(Nächte)*

Hotelsuche

Cerco un albergo.
Ich suche ein Hotel.

Cerco una pensione.
Ich suche eine Pension.

Mi può dare ...?
Können Sie mir ... geben?

il numero di telefono
die Telefonnummer

l'indirizzo
die Adresse

Datum

Per quando?
Für wann?

Per il primo settembre.
Für den 1. September.

Per il 5 (cinque) agosto.
Für den 5. August.

Per quante notti?
Für wie viele Nächte?

Dal ... al ...
Vom ... bis zum ...

Was für ein Zimmer?

Vorrei prenotare ...
Ich möchte ... reservieren.

una camera doppia
ein Doppelzimmer

una camera singola
ein Einzelzimmer

una camera matrimoniale
ein Zimmer mit Doppelbett

Quanto costa?
Wie viel kostet es?

Costa ... euro a notte.
Es kostet ... Euro pro Nacht.

Aussprache

Sprechen Sie Vokale hintereinander einzeln und deutlich: *aiutare, viene, vuole* usw.

Übungen

4A

1 Verständnis und Aussprache

Die alte Leier! Erst verstehen und dann ganz einfach nachsprechen, bitte! ▶ 21

stella = Stern

1. Cerco un albergo qui a Venezia.
2. Va bene, e per quando?
3. Vorrei una camera dal 21 al 23 maggio.
4. C'è un albergo a quattro stelle qui?
5. Sì, c'è l'albergo "Il Moro" in centro.
6. Ma è un po' caro, costa 100 euro a notte.

2 Einzahl und Mehrzahl

Wie wird die Mehrzahlform der folgenden Hauptwörter gebildet?

stanza = Zimmer

1. stanza	4. stella	7. indirizzo	10. ora
2. giorno	5. telefono	8. fratello	11. pensione
3. notte	6. studente	9. camera	12. fermata

3 Die lieben Zahlen

Setzen Sie die vorgegebenen Zahlen in den Mustersatz ein. Bei den Kombinationen aus Einern und Zehnern helfen die Seitenzahlen. *-uno* wird vor einem Hauptwort zu *-un*.

Quanto costa l'albergo? – Costa 95 euro a notte.

1. 95	4. 84	7. 18	10. 89
2. 70	5. 32	8. 23	11. 40
3. 49	6. 51	9. 66	12. 37

4 Was gehört wohin?

Vervollständigen Sie die Sätze mit den angegebenen Wörtern. Halb so schlimm, oder?

dare – quanti – caro – centro – singola – pensione

1. Cerco una ____________ per tre notti.
2. Vuole una ____________ o una matrimoniale?
3. Va bene ma per ____________ giorni?
4. L'albergo non è in ____________, vero?
5. Mi può ____________ il numero?
6. Purtroppo è un po' ____________

Am Telefon
Pronto?
Hallo?

Pronto, chi parla?
Hallo, wer spricht?

Pronto, è l'albergo Bellavista?
Hallo, Hotel Bellavista?

Non ho capito.
Ich habe nicht verstanden.

Non parlo bene l'italiano.
Ich spreche nicht gut Italienisch.

Wann genau?
Avete una camera libera ...?
Haben Sie ein freies Zimmer ...?

per il 25 marzo
für den 25. März

dal 2 al 6 aprile
vom 2. bis 6. April

Bestätigung
Mi può mandare la conferma?
Können Sie mir die Bestätigung schicken?

per e-mail
per E-Mail

Il mio numero di telefono è ...
Meine Telefonnummer ist ...

Il mio numero di cellulare è ...
Meine Handynummer ist ...

La mia e-mail è ...
Meine E-Mail ist ...

Umlaute
Das Italienische kennt keine Umlaute, deshalb sprechen viele Italiener ä, ö und ü wie a, o und u. Aus Müller wird also Muller.

Vorrei prenotare una camera.

Hören Sie sich den folgenden Dialog an. ▶ 22

- Albergo "Lo Scudo", buongiorno.
- Buongiorno, vorrei prenotare una camera matrimoniale da oggi.
- Per quante notti?
- Tre, fino al 17.
- Dunque vediamo ... Benissimo, non c'è problema. A che nome?
- Müller.
- Mi può fare lo spelling, per favore?
- Emme come Milano, u come Udine con due puntini, doppia elle come Livorno, e come Empoli, erre come Roma.
- Müller. Perfetto.
- Mi può mandare la conferma per e-mail? Il mio indirizzo è Mueller345@bestmail.de.
- Va bene.
- Grazie mille. Arrivederci ...

Worauf es ankommt

Richtig schreiben
Man fragt: Come si scrive, scusi? *(Wie schreibt man das, bitte?)* oder Può fare lo spelling? *(Können Sie das buchstabieren?)* Die Antwort lautet: Si scrive ... *(Es schreibt sich ...)*

Buchstabieren
(A) a – Ancona, *(B)* bi – Bologna, *(C)* ci – Catania, *(D)* di – Domodossola, *(E)* e – Empoli, *(F)* effe – Firenze, *(G)* gi – Genova, *(H)* acca – hotel, *(I)* i – Imola, *(J)* i lunga, *(K)* kappa, *(L)* elle – Livorno, *(M)* emme – Milano, *(N)* enne – Napoli, *(O)* o – Otranto, *(P)* pi – Palermo, *(Q)* cu – quarto, *(R)* erre – Roma, *(S)* esse – Savona, *(T)* ti – Torino, *(U)* u – Udine, *(V)* vu – Venezia, *(W)* vu doppia – Washington, *(X)* ics, *(Y)* ipsilon, *(Z)* zeta – Zara; ä, ö, ü = a, o, u con i puntini und das @ nennt sich chiocciola.

Ein bisschen Grammatik

C'è ... ? *(Gibt es ... ?)* + Hauptwort in der Einzahl, z. B.: C'è una camera libera? *(Gibt es ein freies Zimmer?)*; Ci sono ... ? *(Gibt es ... ?)* + Hauptwort in der Mehrzahl, z. B.: Ci sono due camere libere? *(Gibt es zwei freie Zimmer?)*

Übungen

4B

1 Verständnis und Aussprache

Haben Sie beim Zuhören alles verstanden? ▶ 23
Dann sprechen Sie bitte einfach mal nach!

1. Vorrei prenotare una camera singola.
2. Benissimo, e per quante notti?
3. Qual è il Suo numero di telefono?
4. Mi può fare lo spelling per favore?
5. Qual è il Suo indirizzo e-mail?
6. Mi può mandare la conferma?

Qual è ...? = Welche/Wie ist ...?

2 Buchstabieren Sie

Bitte buchstabieren Sie die folgenden Namen

1. Heidemarie Müllermann
2. Joachim Leimadscher
3. Xaver Gottliebsohn
4. Zenzi Tigerlilly
5. Wolfgang Hinkefuss
6. Eberhardt Runkelknall
7. Carlitos Nachos
8. Dschingis Khanowski

3 Zimmer buchen

Setzen Sie bitte die Zahlen und Monatsnamen in den Beispielsatz ein.

Vorrei prenotare una camera dal **15** al **18 giugno**.

1. 15 – 18/6
2. 9 – 11/12
3. 17 – 20/4
4. 25 – 27/10
5. 13 – 14/2
6. 21 – 29/7
7. 23 – 26/11
8. 1 – 12/8
9. 16 – 24/5
10. 19 – 22/3
11. 27 – 30/9
12. 28 – 31/1

4 Hören und verstehen

Hören Sie sich den Text an und beantworten Sie dazu ▶ 24
die Fragen bzw. ergänzen Sie die Aussage.

vuole = er/sie will

1. Il signor De Marco cerca ...
   a. una camera
   b. due camere
2. Per quante notti?
   a. Per due notti.
   b. Per quattro notti.
3. Quanto costa a notte?
   a. Costa 90 euro.
   b. Costa 80 euro.

Das Wichtigste auf einen Blick

Wichtiges! 25

Va bene!
Alles klar!

allora/dunque
also, denn, nun

perfetto
großartig, perfekt

certo
sicher

Apartment, Ferienhaus

Vorrei affittare ...
Ich möchte ... mieten.

un appartamento
ein Apartment

una casa per le vacanze
ein Ferienhaus

In der Nähe

C'è ... qui vicino?
Gibt es ... in der Nähe?

un parcheggio
einen Parkplatz

un supermercato
einen Supermarkt

un ristorante
ein Restaurant

una pizzeria
eine Pizzeria

una spiaggia
einen Strand

Hotelsuche

Cerco un albergo.	Ich suche ein Hotel.
Cerco una pensione.	Ich suche eine Pension.
Mi può dare ...?	Können Sie mir ... geben?
il numero di telefono	die Telefonnummer
l'indirizzo	die Adresse
Per quante persone?	Für wie viele Personen?
Per ... persone.	Für ... Personen.

Wann genau?

Per quando?	Für wann?
Per questa notte.	Für diese Nacht.
Per quante notti?	Für wie viele Nächte?
Per quanti giorni?	Für wie viele Tage?
Dal ... al ...	Vom ... bis zum ...
Per ... notti.	Für ... Nächte.

Was für ein Zimmer?

Vorrei prenotare ...	Ich möchte ... reservieren.
una camera doppia	ein Doppelzimmer
una camera singola	ein Einzelzimmer
una camera matrimoniale	ein Zimmer mit Doppelbett
Può aggiungere un lettino?	Können Sie ein Kinderbett dazustellen?
Quanto costa?	Wie viel kostet es?
Costa ... euro a notte.	Es kostet ... Euro pro Nacht.

Am Telefon

Pronto?	Hallo?
Pronto, chi parla?	Hallo, wer spricht?
Può parlare più forte?	Können Sie lauter sprechen?
Può parlare più lentamente?	Können Sie langsamer sprechen?
Può ripetere, per favore?	Können Sie das bitte wiederholen?
Non ho capito.	Ich habe nicht verstanden.

Bestätigung

A che nome?	Auf welchen Namen?
Mi può mandare la conferma?	Können Sie mir die Bestätigung schicken?
via Internet	übers Internet
Il mio numero di telefono è ...	Meine Telefonnummer ist ...
Il mio numero di cellulare è ...	Meine Handynummer ist ...
La mia e-mail è ...	Meine E-Mail ist ...

Tourismus in Italien

4

Lo sapevate?

In Italien gilt gerade in der *alta stagione* (Hauptsaison): Wer nicht früh genug bucht, riskiert, kein Zimmer mehr zu bekommen. Weit entspannter geht es in der *mezza stagione* (Vor- oder Nachsaison) und der *bassa stagione* (Nebensaison) zu, wenn vielerorts Sondertarife Urlauber locken sollen. Man hat gewöhnlich die Wahl zwischen *albergo* (Hotel), *agriturismo* (Landhotel), *camping* (Campingplatz), *bed & breakfast* (einfache, oft familiengeführte Frühstückspension), *pensione* (Pension) und *ostello* (Jugendherberge).

Aber wohin?

Wer nicht genau weiß, wohin er in Italien reisen soll, dem hilft vielleicht die *Guida Blu* der Umweltorganisation *Legambiente*. Hier werden jedes Jahr die wichtigsten Ferienorte des Landes nach ökologischen Richtlinien bewertet, z. B. die Wasserqualität an den verschiedenen Stränden usw. Mehr Info erhalten Sie unter www.legambiente.it.

Reservierungen

In den meisten Hotels und Pensionen kann man im Voraus eine Reservierung per E-Mail tätigen. Hier eine Mustervorlage, wie so eine E-Mail aussehen kann.

Gentili Signori,

vorrei prenotare una camera doppia con mezza pensione dal 25 agosto al 2 settembre, se possibile con vista sul giardino.

In attesa di una vostra risposta porgo cordiali saluti

XXX

Venezia – Stadt der Kanäle

Da non perdere! – Sehenswertes
Mehr als 14 Millionen Touristen besuchen durchschnittlich pro Jahr Venedig! Das sind doppelt so viele wie in Rom, wobei die Stadt an der Adria selbst gerade mal etwas mehr als 270.000 Einwohner zählt. Beachtlich, nicht wahr? Dass es dabei kein Leichtes ist, den Massen zu entgehen, liegt auf der Hand. Doch selbst in *Venezia* gibt es noch ruhige Ecken, wie man sie beispielsweise bei einem Spaziergang von der *Rio terra Leonardo* über die *Rio terra di Maddalena* bis zur *Strada Nova* findet. Ab hier geht es parallel zum *Canal Grande* an der Rückseite der großen *Palazzi* vorbei.

Buon appetito! – Regionale Spezialitäten
Es erstaunt kaum, dass die venezianische Küche in erster Linie durch Fisch und Meeresfrüchte geprägt ist. Nicht entgehen lassen sollte man sich z. B. ein *risotto nero* (Risotto mit Tintenfischtinte schwarz gefärbt) oder eine *zuppa di cozze e vongole* (Muschelsuppe). Fans fleischreicher Kost wird sicherlich *fegato di vitello alla veneziana* (Kalbsleber auf venezianische Art) begeistern. Geradezu erfrischend ist vor dem Essen ein Glas *Aperol Spritz*, einem chininhaltigen Bitterlikör, der mit *Prosecco* gemischt wird.

Per esperti – Geheimtipps
Nach Besichtigung der Hauptsehenswürdigkeiten lädt das Viertel *Dorsoduro* mit seinen kleinen Kneipen und Restaurants zur Stärkung und Entspannung ein. Am südlichen Ende kann man den Blick auf die vorgelagerten Inselchen genießen. Noch entspannter geht's im Viertel *Castello* hinter den Parkanlangen der *Biennale* zu, wohin sich nur selten Fremde „verirren". Bloß nicht weitersagen!

Im Hotel – In albergo

5

Luxus pur

Welche der folgenden Gegenstände, die man üblicherweise in einem Hotelzimmer findet, können Sie auf dem Foto erkennen? Was bedeuten wohl die anderen?

1. letto
2. coperta
3. armadio
4. tavolo
5. lampada
6. sedia
7. telefono
8. specchio
9. cuscino
10. televisore

Was Sie in dieser Lektion lernen:
- wie man an der Rezeption eincheckt.
- wie man sich nach der Lage des Zimmers erkundigt.
- wie man fragt, ob das Frühstück inbegriffen ist.
- wie man ausdrückt, dass etwas nicht funktioniert.

Hotels & Pensionen

Für Informationen und Reservierungen bietet sich entweder das Internet an oder die italienischen Fremdenverkehrsämter, bei denen man Unterkunftsverzeichnisse ordern kann.

Abbiamo una prenotazione.

Bestätigungen
Ecco ...
Hier ist ...

la conferma
die Bestätigung

il voucher
der Voucher

la mia carta di credito
meine Kreditkarte

il mio passaporto
mein Reisepass

la mia carta d'identità
mein Personalausweis

Wie lange bleiben Sie?
Vorrei rimanere per ...
Ich würde gerne ... bleiben.

Vorremmo rimanere per ...
Wir würden gerne ... bleiben

una notte
eine Nacht

due/tre/quattro notti
zwei/drei/vier Nächte

Frühstück
La colazione ...
Das Frühstück ...

(non) è compresa/inclusa nel prezzo.
ist im Preis (nicht) inbegriffen.

mezza pensione
Halbpension

pensione completa
Vollpension

Aussprache
s meist stimmlos wie in „dass": sabato (Samstag), questo (dieser), interesse (Interesse) zwischen Vokalen stimmhaft wie in „Rose": esatto (genau)
z wie z in „Zoo": ringrazio (ich danke) oder: stimmhaft wie d + stimmhaftes s: zero (Null)

Hören Sie sich den folgenden Dialog an. ▶ 26

- ■ Buonasera, abbiamo prenotato una camera da voi.
- ● Buonasera, il Suo nome, per favore?
- ■ Mi chiamo Peter Schmidt. Ecco la conferma.
- ● Ha un documento?
- ■ Certo, va bene la carta d'identità?
- ● Benissimo. È per due notti, vero?
- ■ No, no, per tre notti! Ripartiamo sabato.
- ● Ah esatto ... Allora, la vostra camera è la numero 25 (venticinque), al secondo piano. Ecco la chiave.
- ■ Grazie mille.
- ● L'ascensore è qui sulla sinistra.
- ■ Grazie ... Ah mi scusi! La colazione è compresa nel prezzo, vero?
- ● Certo. Si serve qui al pianterreno dalle sette alle dieci.
- ■ Perfetto, allora grazie e buonanotte!
- ● Prego. Buonanotte signori!

Worauf es ankommt

Reservierung
Man sagt: Ho/Abbiamo una prenotazione. *(Ich habe/Wir haben eine Reservierung.)* oder Ho/Abbiamo prenotato una camera. *(Ich habe/Wir haben ein Zimmer reserviert.)* Man fragt: Ha una prenotazione? *(Haben Sie eine Reservierung?)*

Die Wochentage
lunedì *(Montag)*, martedì *(Dienstag)*, mercoledì *(Mittwoch)*, giovedì *(Donnerstag)*, venerdì *(Freitag)*, sabato *(Samstag)* und domenica *(Sonntag)*

Die Ordnungszahlen
Sie lauten in ihrer männlichen Form: primo *(erster)*, secondo *(zweiter)*, terzo *(dritter)*, quarto *(vierter)*, quinto *(fünfter)*, sesto *(sechster)*, settimo *(siebter)*, ottavo *(achter)*, nono *(neunter)* und decimo *(zehnter)*.

Ein bisschen Grammatik

Das Italienische verbindet die bestimmten Artikel häufig mit Präpositionen.

a + il = al	zum
a + la = alla	zur
su + il = sul	auf dem
su + la = sulla	auf der

Übungen

5A

1 Verständnis und Aussprache

Sicher verstehen Sie diese Sätze, nicht wahr? ▶ 27
Dann sprechen Sie sie bitte nach.

bagagli = Gepäck

1. Ho una prenotazione.
2. Il Suo nome, per favore.
3. Ha un documento?
4. Ecco la mia carta d'identità.
5. Avete dei bagagli?
6. La colazione non è compresa nel prezzo.

2 Topf und Deckel

Hier passt nur eine Antwort zu einer Frage. Wissen Sie, welche?

1. Ha una prenotazione?
   a. Sì, va bene.
   b. Sì, ecco la conferma.
2. È per due notti, vero?
   a. Sì, esatto!
   b. Ecco la chiave.
3. Ha dei bagagli?
   a. No, non abbiamo bagagli.
   b. Molto gentile.
4. C'è un ascensore?
   a. Buonanotte!
   b. Sì, è qui sulla sinistra.

3 Einfach formulieren

Sie tauchen ohne Reservierung in einem Hotel auf und müssen auf Italienisch formulieren, ...

1. dass Sie ein Einzelzimmer bis Samstag brauchen
2. dass Sie ein Doppelzimmer mit Halbpension brauchen
3. dass Sie ein Zimmer mit Doppelbett brauchen
4. dass Sie ein Zimmer mit zwei Einzelbetten brauchen
5. dass Sie ein Doppelzimmer mit Frühstück brauchen

4 Nur einsetzen

Setzen Sie die vorgegebenen Wörter in den Beispielsatz ein

Vorremmo rimanere per **una notte**, ripartiamo **lunedì**.

1. una notte – lunedì
2. due notti – martedì
3. tre notti – mercoledì
4. quattro notti – giovedì
5. cinque notti – venerdì
6. sei notti – sabato
7. sette notti – domenica

Welches Zimmer?
una camera
ein Zimmer

che dà sulla strada
das zur Straße hin liegt

che dà sul retro
das nach hinten raus liegt

con vista sul mare
mit Meerblick

Steigerung von Eigenschaftswörtern
grande
groß

più grande
größer

Was nicht funktioniert ...
... non funziona
... funktioniert nicht

l'aria condizionata
die Klimaanlage

la doccia
die Dusche

la luce
das Licht

il riscaldamento
die Heizung

il televisore
das Fernsehen

il ventilatore
der Ventilator

Was man so braucht
Potrei avere ancora ...?
Könnte ich noch ... haben?

un asciugamano
ein Handtuch

della carta igienica
Toilettenpapier

Vorsicht: Verwechseln Sie **non** (nicht) nicht mit **no** (nein)!

La camera non mi piace.

Hören Sie sich den folgenden Dialog an. ▶ 28

- Reception, buonasera.
- Buonasera, chiamo dalla camera 25 (venticinque).
- Prego, cosa desidera?
- Mi scusi, ma la camera non mi piace. Ne avete una più grande e più tranquilla che non dà sulla strada?
- Mi dispiace, purtroppo stasera è tutto occupato, ma domani si libera una camera con vista sul mare.
- Va bene, ma c'è un altro problema. Qui la doccia non funziona e non c'è acqua calda ... ah e anche la finestra non si chiude!
- Oddio! Non si preoccupi, Le mando subito qualcuno.
- Grazie mille, e potrei avere ancora una coperta, per cortesia?
- Ma certo. Buona serata.
- Anche a Lei.

Worauf es ankommt

Mir gefällt ...
1. Person Einzahl: mi piace *(mir gefällt)* und non mi piace *(mir gefällt nicht)*;
1. Person Mehrzahl: ci piace *(uns gefällt)* und non ci piace *(uns gefällt nicht)*.

Zeitangaben
oggi *(heute)*, domani *(morgen)*, ieri *(gestern)*, adesso *(jetzt)*, stamattina *(heute Morgen)*, stasera *(heute Abend)*, stanotte *(heute Nacht)*

Ein bisschen Grammatik

Verben werden mit non *(nicht)* verneint:
funziona *([es] funktioniert)* → non funziona *([es] funktioniert nicht)*
mi piace *(mir gefällt)* → non mi piace *(mir gefällt nicht)*

Noch ein bisschen Grammatik

Unbestimmte Artikel: männlich un, aber uno vor Wörtern, die mit st, sp etc. beginnen; weiblich una, aber un' vor Wörtern, die mit einem Vokal beginnen:
un cuscino *(ein Kissen)*, uno studente *(ein Student)*
una coperta *(eine Decke)*, un'italiana *(eine Italienerin)*

Es gibt auch Mehrzahlformen, dei männlich und delle weiblich:
dei cuscini (einige) Kissen delle coperte (einige) Decken

Übungen

5B

esaurito/-a = ausgebucht

1 Verständnis und Aussprache

Verstehen Sie diese Wendungen? ▶ 29
Dann bitte mal wiederholen!

1. Buongiorno, cosa desidera?
2. La camera non ci piace.
3. Mi dispiace, ma stasera è tutto esaurito.
4. Quando si libera una camera con vista sul mare?
5. La doccia non funziona.
6. Non si preoccupi!

2 Bitte verneinen Sie

Können Sie sich an die Verneinung von Verben erinnern?

1. Il riscaldamento funziona.
2. La camera mi piace.
3. C'è una camera più tranquilla.
4. La finestra si chiude.
5. C'è acqua calda.
6. La camera dà sulla strada.

3 Hören und verstehen

Achten Sie in diesem Text wieder genau auf alle Informationen und beantworten Sie die Fragen bzw. ergänzen Sie die Aussagen. ▶ 30

1. Laura dice: non mi piace ...
   a. l'albergo
   b. la camera
2. Ne vuole una ...
   a. più grande
   b. più tranquilla
3. Cosa non funziona?
   a. La doccia.
   b. Il riscaldamento.
4. C'è acqua calda?
   a. Sì, c'è acqua calda.
   b. No, c'è acqua fredda.

4 Welche Antwort passt?

Hier passt nur eine Antwort pro Frage. Wissen Sie, welche?

1. Ha una camera più grande?
   a. Scusi, signora.
   b. Sì, ma dà sulla strada.
2. C'è acqua calda?
   a. No, c'è solo acqua fredda.
   b. La finestra non si chiude.
3. Potrei avere una coperta?
   a. Buona serata.
   b. Sì, certo.

Das Wichtigste auf einen Blick

Allgemeines ▶ 31

Ha/Avete ...?
Haben Sie ...?

Cosa desidera?
Was wünschen Sie?

Mi dispiace.
Es tut mir leid.

Pech gehabt

È tutto occupato.
Es ist alles belegt.

Was man so braucht

Potrei avere ancora ...?
Könnte ich noch ... haben?

un bicchiere
ein Glas

una coperta
eine Decke

un cuscino
ein Kissen

un lenzuolo
ein Bettlaken

alcune grucce
ein paar Kleiderbügel

un posacenere
einen Aschenbecher

Wie lange man bleibt

Vorrei rimanere per ...	Ich würde gerne ... bleiben.
Vorremmo rimanere per ...	Wir würden gerne ... bleiben.
una notte	eine Nacht
due/tre/quattro notti	zwei/drei/vier Nächte

Was nicht funktioniert ...

l'aria condizionata	die Klimaanlage
la doccia	die Dusche
la luce	das Licht
il riscaldamento	die Heizung
lo sciacquone	die Wasserspülung
il televisore	das Fernsehen
il ventilatore	der Ventilator
... non funziona.	... funktioniert nicht.
il water / il tubo di scarico	die Toilette / der Abfluss
... è intasato.	... ist verstopft.
la finestra	das Fenster
la porta	die Tür
... non si chiude.	... lässt sich nicht schließen.
... non si apre.	... lässt sich nicht öffnen.

Auschecken

Lascio la camera.	Ich checke aus.
Lasciamo la camera.	Wir checken aus.
Può preparare il conto, per favore?	Können Sie bitte die Rechnung vorbereiten?
Pago ...	Ich zahle ...
con la carta di credito	mit Kreditkarte
in contanti	in bar
Può firmare qui, per favore?	Können Sie bitte hier unterschreiben?

Camping

Possiamo campeggiare sul vostro terreno?	Können wir auf Ihrem Grundstück campen?
C'è ancora posto per ...?	Haben Sie noch Platz für ...?
Quanto si paga per ...?	Was kostet es für ...?
una macchina con roulotte	ein Auto mit Wohnwagen
un camper/una tenda	ein Wohnmobil / ein Zelt
una persona	eine Person
due/tre/quattro persone	zwei/drei/vier Personen

Unterkunft

Lo sapevate?
Während in den großen Städten die Zimmerpreise recht happig sein können, findet man in Kleinstädten und auf dem Land häufig sympathische und unkonventionelle Unterkunftsmöglichkeiten, die nicht selten von Familien geführt werden. Eine wunderbare Gelegenheit, auch für kurze Zeit ein wenig Einblick in das „echte" Leben in Italien zu erhaschen.

Alternativer Urlaub?
Leider sind in einigen Haupttouristenorten v. a. entlang der Adria viele Hotels wenig mehr als unansehnliche Betonklötze, die in den 1960er und 1970er Jahren schnell „aufgestellt" wurden, um der steigenden Nachfrage von Touristen gerecht zu werden. Ganz im Gegensatz dazu findet seit einigen Jahren im Landesinnern eine Entwicklung in Richtung alternativem Tourismus statt, bei dem z. B. Bauernhöfe in sogenannte *agriturismi* umgebaut werden. Wem dagegen mehr nach Besinnlichkeit zumute ist, der könnte sich für eine Übernachtung in einem Kloster – *convento* – entscheiden.

Camping
Mit über 1.500 Campingplätzen kann Italien durchaus als Paradies für einen Urlaub mit Zelt, Wohnwagen oder Wohnmobil angesehen werden. Doch auch hier gilt, dass gerade im Hochsommer die Plätze häufig bis auf den letzten Quadratmeter belegt sind, nicht zuletzt, weil auch viele Italiener den Campingurlaub dem im Hotel vorziehen. Übrigens: Wildes Campen ist nicht zu empfehlen und steht vielerorts sogar unter Strafe. Wer dagegen auf einem Privatgrundstück kampieren möchte, sollte unbedingt um die Erlaubnis des Besitzers bitten: *Possiamo campeggiare sul vostro terreno?* (Können wir auf Ihrem Grundstück campen?)

Toscana – Ein Fest für die Sinne

Da non perdere! – Sehenswertes
Die Toskana gilt als bedeutende Kulturlandschaft, die über eine große Anzahl an historisch und kunstgeschichtlich bedeutsamen Städten, meist etruskischen Ursprungs, verfügt, von denen viele im Mittelalter und später in der Renaissance zu enormem Glanz erblühten. Ein Highlight ist sicher ein Spaziergang durch Florenz mit dem Dom, den Uffizien und dem *Ponte Vecchio*, um danach im Renaissancepark *Giardino di Boboli*, der mit schattigen Alleen durchzogen ist, die Impressionen sich setzen zu lassen.

Buon appetito! – Regionale Spezialitäten
Nicht zuletzt zieht es Reisende aus aller Herren Ländern in die Toskana wegen ihrer weltberühmten Küche und ihrer vorzüglichen Weine. Doch die toskanische Küche ist herzhaft und üppig, z. B. mit Fleischgerichten wie *trippa alla Fiorentina* (Kutteln nach Florentiner Art) oder *cinghiale alla cacciatora* (Wildschwein nach Jägerart), aber auch Eintöpfe wie *ribollita* (eine dicke Gemüsesuppe), der besonders in *Livorno* berühmten *caciucco* genannten Fischsuppe oder *panzanella*, ein Salat aus Brotkrumen, Tomaten und reichlich Olivenöl. Zur kleinen Stärkung zwischendurch empfiehlt sich in Florenz ein *lampredotto*, ein Brötchen mit Kalbsmagen und einer grünen Sauce.

Per esperti – Geheimtipps
Wirklich toskanisch geht es in *Siena* bei dem alljährlich jeweils am 2. Juli und 16. August stattfindenden Pferderennen namens *Palio* zu, bei dem die einzelnen Stadtbezirke gegeneinander antreten; oder in *Arezzo* mit seinen *Giostra del Saracino* genannten Ritterfesten, jeweils am vorletzten Samstag im Juni und am ersten Sonntag im September. Beschaulicher und trotzdem typisch toskanisch ist es in den kleinen Städtchen wie *Cortona*, *Montepulciano* oder *Sansepolcro* oder auf einem Spaziergang durch das *Val d'Orcia* genannte Hinterland von *Siena*.

6

In der Bar – Al bar

Trockene Kehlen?

In Italien finden sich praktisch an jeder Ecke Bars, in denen man Kaffee, Tee, kalte und alkoholische Getränke sowie kleine Snacks bekommt. Für viele Italiener ist die Bar eine Art erweitertes Wohnzimmer, wo man nicht selten mehrmals am Tag auf einen Espresso einkehrt und einen kleinen Plausch hält. Folgende Getränke dürften Ihnen bekannt sein, fallen Ihnen noch andere ein?

1. la birra
2. il caffè (espresso)
3. il caffelatte
4. il cappuccino
5. il latte macchiato
6. il tè
7. il vino bianco
8. il vino rosso

Was Sie in dieser Lektion lernen:
- wie man etwas in einer Bar bestellt.
- wie man fragt, was man unternehmen kann.
- wie man sagt, dass einem etwas (nicht) gefällt.
- wie man den Weg beschreibt.

Nicht verwechseln!
In Italien ist **un caffè** das, was man bei uns als Espresso bezeichnet. Ein Kaffee ist dagegen **un caffè americano**!

Preferiamo una serata tranquilla.

Hören Sie sich den folgenden Dialog an. ▶ 32

- ● Buongiorno.
- ■ Buongiorno, vorrei un bicchiere di vino rosso e un panino al prosciutto.
- ● E per Lei?
- ▲ Per me solo un caffè, grazie ... Macchiato! ...
- ● Ecco qui.
- ■ Grazie. Scusi, cosa si può fare di interessante qui la sera?
- ● Mah, ci sono molti locali interessanti, diverse discoteche ...
- ■ Sì, ma ... non ci piace molto ballare. Preferiamo una serata tranquilla. Sa se c'è un cinema o un teatro?
- ● Sì sì, c'è il cinema "Astra", in via Gentileschi. Ma questa settimana c'è la sagra della polenta.
- ▲ Che cos'è?
- ● È una festa dedicata alla polenta. Potete assaggiare diverse ricette tradizionali, e poi ci sono concerti, spettacoli ...
- ■ Mah, non so ...
- ▲ Sì dai! Mi piacciono le feste tradizionali. E mi piace la polenta!

Worauf es ankommt

Bestellungen
Man sagt: Vorrei ..., per favore. *(Ich hätte gerne ..., bitte.)* oder einfach Per me ..., per favore. *(Für mich bitte ...)*: Vorrei un cappuccino, per favore. *(Ich hätte gerne einen Cappuccino, bitte.)*

Wie es euch gefällt
Prägen Sie sich neben mi piace ... *(mir gefällt ...)* auch mi piacciono ... *(mir gefallen ...)* bzw. ci piacciono ... *(uns gefallen ...)* ein: Ci piacciono i locali tranquilli. *(Uns gefallen ruhige Lokale.)*

Ein bisschen Grammatik

Einige Wörter sind in der Einzahl und Mehrzahl identisch, z. B.: un caffè *(ein Kaffee)* → due caffè *(zwei Kaffee)*, una città *(eine Stadt)* → delle città *(Städte)*, il taxi *(das Taxi)* → i taxi *(die Taxis)*

Verben in der 2. Person Mehrzahl enden auf -ate, -ete oder -ite: (voi) cercate *(ihr sucht/Sie suchen [Mehrzahl])*, (voi) potete *(ihr könnt/Sie können [Mehrzahl])*, (voi) preferite *(ihr zieht vor/Sie ziehen vor [Mehrzahl])*

Was man trinken möchte

Cosa prendi?
Was nimmst du?

Cosa prende?
Was nehmen Sie?

un caffè/due caffè
einen Kaffee (Espresso)/ zwei Kaffee (Espressi)

un cappuccino/due cappuccini
einen Cappuccino/zwei Cappuccino

un bicchiere di ...
ein Glas ...

vino rosso
Rotwein

vino bianco
Weißwein

Programm?

Cosa si può fare qui la sera?
Was kann man hier abends machen?

Sa se c'è ...?
Wissen Sie, ob es ... gibt?

una festa
ein Fest

una sagra
ein Volksfest, eine Kirchweih

Che cos'è?
Was ist das?

Ci sono ...
Es gibt ... (+ Mehrzahl)

locali interessanti
interessante Lokale

Aussprache
sc vor e oder i wie sch in „schön": prosciutto (Schinken), wobei das i nicht gesprochen wird, wenn ein a, o oder u folgt
sonst wie sk in „Maske": scusi (entschuldigen Sie)
sch vor e oder i wie sk in „Maske": Gentileschi

Übungen

6A

1 Verständnis und Aussprache

Lesen und hören Sie die Sätze und sprechen Sie sie bitte nach! ▶ 33

pub = Kneipe

1. Vorrei un bicchiere di vino bianco.
2. Per me solo un cappuccino, grazie.
3. Cosa si può fare qui la sera?
4. Non mi piace molto ballare.
5. Dove posso assaggiare ricette tradizionali?
6. Sa se c'è un pub o una discoteca?

2 Bitte vervollständigen

Fantasie ist gefragt: Vervollständigen Sie den Dialog und sprechen Sie ihn laut vor sich hin.

anche = auch

1. Buongiorno, vorrei ____________
2. Ecco qui.
3. Grazie. Scusi, cosa si può fare ____________ ?
4. Ci sono molti ____________ e c'è anche un ____________ .
5. Sa se c'è ____________ ?
6. Sì certo! C'è la festa ____________ .

3 Sätze bilden

Setzen Sie die Wörter 1–6 in den Mustersatz ein.

Questa settimana c'è ...?

1. la festa di San Giovanni
2. il festival del cinema per bambini
3. la fiera del cioccolato
4. la sagra dei tortellini
5. il festival dell'opera
6. la fiera del vino rosso

4 Passende Formulierungen

Lesen Sie den Dialog noch einmal und finden Sie die passenden Formulierungen für die folgenden Situationen.

preferisco = ich mag lieber

1. in einer Bar etwas bestellen
2. fragen, was jemand essen und trinken möchte
3. fragen, was man abends unternehmen kann
4. fragen, ob es ein Kino oder Theater gibt
5. sagen, dass man etwas mag oder nicht mag
6. sagen, dass man lieber einen ruhigen Abend möchte

Il bar
Die italienische Bar hat nichts mit einem Nachtlokal zu tun, sondern bezeichnet eine Art Café mit Theke, in dem auch alkoholische Getränke und Imbisse angeboten werden.

Wo gibt's was?

Dov'è il cinema?
Wo ist das Kino?

In piazza ...
Am ...-Platz.

In via ...
In der ...-Straße.

Wie lange unterwegs?

Quanto ci vuole?
Wie lange braucht man (dorthin)?

Ci vuole ...
Man braucht ...

un quarto d'ora
eine Viertelstunde

mezz'ora
eine halbe Stunde

un'ora
eine Stunde

Ci vogliono cinque minuti.
Man braucht fünf Minuten.

Gira ...
Sie biegen ... ab.

all'incrocio
an der Kreuzung

al semaforo
an der Ampel

a destra
nach rechts

a sinistra
nach links

Deve tornare indietro.
Sie müssen zurückgehen.

È la parallela di ...
Es ist die Parallelstraße von ...

È una traversa di ...
Es ist eine Querstraße von ...

È lontano a piedi?

Hören Sie sich den folgenden Dialog an. ▶ 34

- Mi scusi, sa dov'è la sagra della polenta?
- Sì, è in piazza Matteotti ...
- È lontano a piedi?
- No no, è vicino, solo 10 minuti. Dunque ... andate sempre dritto fino al semaforo, poi girate a sinistra, attraversate il ponte, girate alla seconda a destra e lì c'è piazza Matteotti.
- Allora: sempre dritto fino al semaforo, poi a sinistra, attraversiamo il ponte e alla prima a destra ...
- No no, alla seconda!
- Ah sì, giriamo alla seconda a destra e siamo arrivati.
- Giusto!
- Allora grazie mille e buona serata.
- Buona serata anche a voi. E buon appetito!

Worauf es ankommt

Nah oder weit ...

Vicino *(nah)* und lontano *(weit)* werden häufig mit den Präpositionen a *(nach, zu)* und da *(aus, von)* verwendet: È vicino a piazza Garibaldi. *(Es ist in der Nähe der Piazza Garibaldi.)*, È lontano dal tuo albergo. *(Es ist weit von deinem Hotel.)* Außerdem: È lontano a piedi? *(Ist es weit zu Fuß?)*

Links, rechts und geradeaus

Auch z. B. alla prima a sinistra *(die erste links)*, alla seconda a destra *(die zweite rechts)* usw. Lei va dritto. *(Sie gehen geradeaus.)* und Voi andate dritto. *(Ihr geht/Sie gehen [Mehrzahl] geradeaus.)*

Überqueren

Lei attraversa ... *(Sie überqueren ...)* oder Voi attraversate ... *(Ihr überquert/Sie überqueren [Mehrzahl] ...)*, z. B. la piazza *(den Platz)*, la strada/la via *(die Straße)*, il ponte *(die Brücke)*.

Ein bisschen Grammatik

Eigenschaftswörter verändern sich in der Mehrzahl wie Hauptwörter: il panino è grande *(das belegte Brötchen ist groß* → i panini sono grandi *(die belegten Brötchen sind groß)*, una grande piazza *(ein großer Platz)* → delle grandi piazze *(große Plätze)*

Übungen

1. Verständnis und Aussprache

Ist der Dialog klar? Dann macht es sicher keine Probleme, diese Sätze zu verstehen und nachzusprechen, nicht wahr? ▶ 35

1. Sa dov'è la sagra della pizza?
2. Sì, è in centro, in piazza Dante.
3. Andate sempre dritto fino alla chiesa.
4. Poi girate a sinistra e attraversate la piazza.
5. Non è lontano dal tuo albergo.
6. Grazie mille e buona serata!

2 Bitte einsetzen

Setzen Sie die fehlenden Wörter in die Sätze ein.

sinistra – centro – dritto – mille – esatto – teatro

1. Mi scusi, sa dov'è il __________ San Carlo?
2. Sì, è in __________ .
3. Mi può dire l'indirizzo __________ ?
4. Andate sempre __________ fino al semaforo.
5. E poi all'incrocio girate a __________ .
6. Grazie __________ e buona serata.

3 Hören und verstehen

Lauschen Sie diesem Text und beantworten Sie dazu bitte folgende Fragen bzw. ergänzen Sie den Satz. ▶ 36

1. Paola prende ... a. un cappuccino
   b. un caffè
2. Cosa c'è questa settimana? a. C'è una festa.
   b. C'è una sagra.
3. È lontano a piedi? a. Sì, è molto lontano.
   b. No, è vicino.

4 Bitte zuordnen

Ordnen Sie jeder Frage eine logische Antwort zu.

1. Dov'è il cinema?	a. Sì, molto vicino.
2. È lontano a piedi?	b. No, è vicino.
3. Quanto ci vuole?	c. No, a sinistra.
4. È vicino a piazza Roma?	d. È in piazza Garibaldi.
5. E lì giriamo a destra?	e. Solo 10 minuti.

Das Wichtigste auf einen Blick

Allgemeines ▶ 37

Non so!
Ich weiß nicht!

Dai!
Komm schon!

Buon appetito!
Guten Appetit!

Che peccato!
Wie schade!

Bezahlen

Il conto, per favore.
Die Rechnung, bitte.

Vorrei pagare.
Ich möchte zahlen.

Quant'è?
Was macht das?

Deve fare lo scontrino alla cassa.
Sie müssen an der Kasse zahlen.

Io pago ...
Ich zahle ...

Offro io!
Ich lade ein!

Mi può cambiare ... euro?
Können Sie mir ... Euro wechseln?

Bestellungen

Vorrei ..., per favore.	Ich hätte gerne ..., bitte.
Per me ..., per favore.	Für mich bitte ...
un caffè	einen Kaffee (Espresso)
un cappuccino	einen Cappuccino
un bicchiere di ...	ein Glas ...
vino rosso	Rotwein
vino bianco	Weißwein
una birra	ein Bier

Programm?

Cosa si può fare qui la sera?	Was kann man hier abends machen?
Dove c'è ...?	Wo gibt es ...?
una discoteca	eine Disko
un cinema	ein Kino
un teatro	ein Theater
Sa se c'è ...?	Wissen Sie, ob es ... gibt?
un concerto	ein Konzert
una festa	ein Fest
una sagra	ein Volksfest, eine Kirchweih
una fiera	eine Messe
un festival	ein Festival

Wo genau?

È davanti ...	Es ist vor ...
È di fianco ...	Es ist neben ...
al museo	dem Museum
alla chiesa	der Kirche
alla posta	der Post
alla stazione	dem Bahnhof

Wie komme ich hin?

Gira ...	Sie biegen ... ab.
a destra / a sinistra	nach rechts / nach links
Deve tornare indietro.	Sie müssen zurückgehen.
È vicino.	Es ist in der Nähe.
È lontano.	Es ist weit.
Va dritto.	Sie gehen geradeaus.
Lei attraversa ...	Sie überqueren ...
la piazza	den Platz
la strada/la via	die Straße
il ponte	die Brücke

In der Bar

6

Lo sapevate?
Kaffeetrinken ist in Italien oft nur eine Sache von wenigen Minuten und wird im Stehen erledigt. Man bezahlt an der Kasse, erhält eine Quittung *(lo scontrino)* und stellt sich mit dieser an die Theke, ordert seinen Kaffee (meist mit einem Glas stillen Wasser oder Sprudel serviert, um den Gaumen auf den Kaffeegenuss vorzubereiten), trinkt diesen und verlässt das Lokal wieder. Wer sich an einen Tisch – sofern vorhanden – setzt, zahlt zwei- bis dreimal so viel wie am Tresen.

Caffè!
Zu den beliebtesten Kaffeevarianten gehören: *caffè* (einfacher Espresso, der kaum mehr als einen Fingerhut ausmacht), *caffè macchiato* (Espresso mit Milchschaum), *caffè lungo* (Espresso mit etwas mehr Wasser), *caffellatte* (Milchkaffee), *caffè corretto* (Espresso mit einem Schuss Alkohol wie Grappa oder Rum), *latte macchiato* (Espresso im Glas mit viel Milch), im Sommer der *caffè freddo* oder *caffè shakerato* (kalter oder mit Eis gemixter Espresso) und natürlich der auch bei uns bekannte *cappuccino*, der in Italien ausschließlich (!) zum Frühstück getrunken wird. Wer Filterkaffee möchte, bestellt einen *caffè americano* und entkoffeinierter Kaffee heißt *caffè decaffeinato*.

Ansonsten gibt es in Bars
Zum Trinken: *spremuta* (frisch gepresster Fruchtsaft), *bicchiere di vino* (Glas Wein), *aperitivo* (Aperitif), *tè* (Tee), *tisana* (Kräutertee). Zum Essen: *brioche* (Brioche), *cornetto* (Hörnchen), *pasta* (Gebäck), *gelato* (Eis), *panino* (belegtes Brötchen, z. B. *al formaggio* mit Käse, *al prosciutto* mit Schinken, *vegetariano* vegetarisch, *al tonno* mit Thunfisch), *tramezzino* (Toastsandwich) oder *insalata* (Salat).

Emilia-Romagna – Das Nudelparadies

Da non perdere! – Sehenswertes
Die *Emilia-Romagna* mag nicht zu den meistbesuchten Reisezielen in Italien gehören, doch kommt gerade in kulinarischer Hinsicht vieles von hier, was man im Ausland als typisch italienisch bezeichnet. Wo könnte man dies besser erfahren als in den reich dekorierten Feinkostläden in den Arkadengängen *Bolognas*? Beginnen Sie einen Rundgang auf der *Piazza Santo Stefano* und folgen Sie den fast 35 Kilometer Länge messenden *portici* (Arkaden) quer durch die Altstadt.

Buon appetito! – Regionale Spezialitäten
Die südlich des *Po* gelegene Region besteht in erster Linie aus stark landwirtschaftlich geprägtem Flachland, das im hügeligeren Süden an den Appenin grenzt. In ganz Italien kennt man die *Emilia-Romagna* als Produzent einiger herausragender kulinarischer Highlights wie dem *balsamico*-Essig aus dem Raum *Modena*, dem Parmesankäse *parmigiano* aus *Parma* und *Reggio* sowie dem Parmaschinken aus der Provinz *Parma*.
Die Hauptstadt *Bologna* ist für ihre *tortellini*, *lasagne*, *gramigna* und *tagliatelle*, aber auch für die weltbekannte Pasta-Sauce *ragù alla bolognese* berühmt und auch in *Ferrara* gibt es besondere Spezialitäten wie die köstlichen *cappelletti*, einer lokalen Variante der *tortellini*. Und als Snack zwischendurch? Wie wär's mit einer mit *squacquerone*-Käse belegten *piadina* – einem typischen Teigfladen?

Per esperti – Geheimtipps
Nur wenige ausländische Touristen haben schon von den *Valli di Comacchio*, einem 13.000 ha großen Brackgewässer im *Po*-Delta an der Adriaküste der *Emilia-Romagna* gehört. Hier in der salzhaltigen Lagune leben die Menschen bis heute vom Fischfang, v. a. von den Meeräschen und bis zu einem Meter messenden Aalen. Besonders pittoresk ist in den *Valli* das Fischerdörfchen *Comacchio* mit seinen Pfahlbauten.

TEST 1

1 Welche Antwort stimmt?

Können Sie sich noch an alle Informationen zur Landeskunde erinnern? Na dann kreuzen Sie sicher die richtigen Aussagen an.

1. Mit Italienisch haben Sie ca. ... Gesprächspartner.
   a. 7 Millionen
   b. 70 Millionen
   c. 700 Millionen

2. Zugfahrten in Italien ...
   a. sind für EU-Bürger um die Hälfte ermäßigt
   b. sind in der Regel praktisch und günstig
   c. sind für Normalsterbliche unbezahlbar

3. Die meisten Touristen pro Jahr sieht in Italien ...
   a. Rom
   b. Florenz
   c. Venedig

4. Bei der Hotelsuche vor Ort hilft ...
   a. die deutsche Botschaft in Rom
   b. das italienische Fremdenverkehrsamt ENIT
   c. meist nur der Taxifahrer

5. Man küsst zur Begrüßung...
   a. nur Personen, die jünger als man selbst sind
   b. einfach alle Unbekannten
   c. Bekannte, Verwandte und Freunde

6. Den Cappuccino trinkt man in Italien ...
   a. ausschließlich zum Frühstück
   b. mehrmals im Lauf des Tages
   c. nur nach einem üppigen Abendessen

2 Fragen und Antworten

Sicherlich haben Sie die letzten sechs Lektionen aufmerksam bearbeitet und machen folglich diese Übung im Handumdrehen. Welche Antwort passt jeweils?

1. Come sta?	a. Sì, ho un fratello e una sorella.
2. Vi piace la camera?	b. No, sono con mia moglie!
3. Ha una prenotazione?	c. Lui è Francesco.
4. Cosa prendi?	d. Per me solo un caffè.
5. Chi è il tuo amico?	e. Sì, ecco la conferma.
6. Hai fratelli?	f. Molto bene, grazie.
7. È lontano a piedi?	g. No, ne avete una più grande?
8. È qui in Italia da solo?	h. No, è vicino, solo 5 minuti.

TEST 1

3 Fit für den „Ernstfall"?

Wiederholen Sie die Gesprächssituationen aus den vergangenen Lektionen, indem Sie selbst mit einem fiktiven Gesprächspartner eine Unterhaltung zu den folgenden Themen führen. Die angegebenen Satzfragmente und Floskeln sollten nur als Richtlinie dienen. Improvisieren ist angesagt!

1. Sie treffen Ihren Bekannten Herrn Rossi.
   - ■ Buonasera, signor Rossi ...
   - ● Molto ... E Lei?
   - ■ Anch'io ... Le presento ...
   - ● Arrivederci e ...
2. Sie halten einen Plausch mit einem/einer Fremden.
   - ■ Lei non è italiano/-a, vero?
   - ● No, sono ... di ... E Lei?
   - ■ ... E che lavoro fa?
   - ● Sono ... Lei è sposato/-a?
3. Sie rufen bei einem Hotel zwecks Zimmerreservierung an.
   - ■ Pronto, albergo ... Mi dica.
   - ● Vorrei prenotare una camera ... dal ... per ... notte.
   - ■ Mi può dare il Suo nome, per favore?
   - ● Mi chiamo ... Mi può mandare la conferma ...?
4. Sie sitzen im Zug und erkundigen sich beim Schaffner.
   - ■ ..., a che ora arriviamo a ...?
   - ● ... abbiamo ... minuti di ritardo, arriviamo verso ...
   - ■ A che ora e da dove parte il treno per ...?
   - ● ... parte alle ..., dal binario ...
5. Ihre Freundin Elena läuft Ihnen zufällig über den Weg.
   - ■ Salve Elena, come ...?
   - ● ... Ti presento ...
   - ■ ... sei italiano?
   - ▲ ... Ciao!
6. Sie erkundigen sich an der Hotelrezeption.
   - ■ ... Cosa si può fare qui la sera?
   - ● C'è ... e se vi piace ballare ci sono tanti ...
   - ■ Preferiamo ... Sa se c'è ...?
   - ● Sì certo, c'è ... in via ...

4 Und jetzt noch schnell auf Italienisch!

Bis hier hat sicherlich alles gut geklappt, oder? Wenn Sie jetzt noch diese Sätze auf Italienisch wiedergeben können, sind Sie reif für den zweiten Teil unseres Sprachkurses.

1. Wie viel Uhr ist es?
2. Tausend Dank.
3. Keine Sorge!
4. Bis zum nächsten Mal!
5. Ich hätte gerne einen Cappuccino.
6. Ich suche ein Hotel.
7. Sehr angenehm.
8. Wo ist die Touristeninformation?

7

Im Restaurant – Al ristorante

Und was ist Ihr Leibgericht?

Die italienische Küche erfreut sich auch in unseren Breitengraden höchster Beliebtheit. Kennen Sie die folgenden Gerichte? Welches mögen Sie am meisten?

1. pizza Margherita
2. gnocchi al pesto
3. tiramisù
4. minestrone
5. spaghetti alla bolognese
6. carpaccio
7. risotto alla milanese
8. ossobuco
9. panna cotta
10. vitello tonnato

Was Sie in dieser Lektion lernen:
- wie man sich nach dem Essen erkundigt und etwas in einem Restaurant bestellt.
- wie man um eine Empfehlung bittet.
- wie man sagt, dass man etwas anderes bestellt hat.
- wie man um die Rechnung bittet.

Cucina italiana?

Von nur einer italienischen Küche zu sprechen, wäre eine maßlose Untertreibung. Jede Region Italiens hat ihre eigenen Rezepte und Spezialitäten, von denen viele bei uns noch relativ unbekannt sind.

Vogliamo un piatto tipico.

Bestellen

Mi/Ci può portare il menù?
Können Sie mir/uns die Karte bringen?

Vorrei/Vorremmo ordinare ...
Ich würde gerne/Wir würden gerne ... bestellen.

Volete ordinare?
Wollen Sie bestellen?

Cosa prendete?
Was nehmen Sie?

Come antipasto/primo/secondo ...
Als Vorspeise/ersten Gang/zweiten Gang ...

Vorrei ...
Ich hätte gerne ...

Per me ...
Für mich ...

La nostra specialità è/sono ...
Unsere Spezialität ist/sind ...

Sonderwünsche

Che vino mi/ci consiglia?
Welchen Wein empfehlen Sie mir/uns?

C'è della carne in questo piatto?
Ist in diesem Gericht Fleisch?

È piccante?
Ist es scharf?

Sono vegetariano/-a.
Ich bin Vegetarier/in.

Betonung

Die meisten Wörter werden auf der vorletzten Silbe betont: spaghetti (Spaghetti), prendete (ihr nehmt). Einige auf der drittletzten Silbe: tavolo (Tisch), libero (frei). Wörter, die auf der letzten Silbe betont sind, tragen einen Akzent: caffè (Kaffee), menù (Speisekarte).

Hören Sie sich den folgenden Dialog an. ▶ 38

■ Buonasera, c'è un tavolo libero per due?
● Certo, va bene qui?
■ Sì, va benissimo, grazie.

...

● Ecco il menù.
■ Grazie, vorremmo un piatto tipico. Lei, cosa ci consiglia?
● Di primo abbiamo degli spaghetti alla norcina buonissimi oppure dei ravioli alla ricotta ...
▲ C'è della carne negli spaghetti alla norcina?
● Sì, signora.
▲ Allora prendo i ravioli.
■ Per me invece gli spaghetti alla norcina.
● Bene. Prendete anche un secondo?
■ No, grazie, solo un primo. E da bere del vino rosso della casa.
● Un quarto?
■ No, meglio mezzo litro.

Worauf es ankommt

Wo ist Platz?
Nach einem Tisch fragen: C'è un tavolo libero per ...? *(Haben Sie einen Tisch für ...?)* Schon reserviert: Ho prenotato un tavolo a nome di ... *(Ich habe einen Tisch auf den Namen ... reserviert.)*

Empfehlungen
Che cosa mi/ci consiglia? *(Was empfehlen Sie mir/uns?)*, Vi/Le consiglio ... *(Ich empfehle Ihnen ...)*

Bestellungen
Vorrei/Vorremmo da mangiare/da bere ... *(Ich hätte gerne/Wir hätten gerne zum Essen/zum Trinken ...)* bzw. Prendo/Prendiamo ... *(Ich nehme/Wir nehmen ...)*

Ein bisschen Grammatik

Man bildet den absoluten Superlativ, der einen hohen Grad einer Eigenschaft beschreibt, indem man die Endung -issimo anhängt.

bello → bellissimo	schön → sehr schön
buono → buonissimo	gut → sehr gut
caro → carissimo	teuer → sehr teuer

Übungen

7A

1 Verständnis und Aussprache

Verstehen Sie diese Sätze? Dann sprechen Sie sie bitte nach! ▶ 39

1. C'è un tavolo libero per tre?
2. Ci può portare il menù?
3. Che cosa ci consiglia?
4. La nostra specialità sono le tagliatelle al pesto.
5. Vorrei gli spaghetti alla carbonara.
6. E da bere mezzo litro del vino rosso della casa.

2 Welche Antwort passt?

Hier macht nur eine Antwort Sinn. Wissen Sie, welche?

1. Volete ordinare?
   a. Sì, sono vegetariano.
   b. Sì, grazie.
2. Che vino ci consiglia?
   a. Il rosso della casa.
   b. Bene.
3. Prendete un quarto?
   a. No, meglio mezzo litro.
   b. No, grazie, solo un primo.

3 Empfehlungen

Spielen Sie selbst einen Gast und einen eifrigen Kellner und basteln Sie aus den Satzbausteinen einen sinnvollen Menüvorschlag.

Cosa mi consiglia ...? – Le consiglio ...

1. come antipasto	a. una scaloppina alla milanese
2. da bere	b. una margherita
3. come primo	c. un minestrone
4. come secondo	d. un'insalata mista
5. come pizza	e. il vino bianco della casa

4 Was passt zueinander?

Finden Sie die deutsche Entsprechung jedes italienischen Satzes?

1. Vorrei ...	a. Was empfehlen Sie mir?
2. Ecco il menù.	b. Ich bin Vegetarier.
3. Cosa prendete?	c. Was nehmen Sie?
4. Che cosa mi consiglia?	d. Ich hätte gerne ...
5. Sono vegetariano.	e. Hier ist die Karte.

Was man so braucht …
Cosa avete di dolce?
Was haben Sie als Nachtisch?
Ci può portare ancora …?
Können Sie uns noch … bringen?
un po' di pane
ein bisschen Brot
una bottiglia d'acqua
eine Flasche Wasser
acqua naturale
stilles Wasser
acqua gasata
Sprudelwasser
del sale/del pepe
Salz/Pfeffer
dell'olio/dell'aceto
Öl/Essig
degli stuzzicadenti
ein paar Zahnstocher
un tovagliolo
eine Serviette
Prendete …?
Nehmen Sie …?
un caffè
einen Kaffee
un dolce
einen Nachtisch

Probleme?
È troppo piccante/salato.
Es ist zu scharf/versalzen.
È freddo.
Es ist kalt.

Aussprache
gn spricht man wie nj in „Anja“:
gnocchi, bagno (Bad, Toilette)

Come sono gli spaghetti?

Hören Sie sich den folgenden Dialog an. ▶ 40

■ Ecco qui, spaghetti alla norcina e linguine alla romana!
● Scusi, ma non è quello che ho ordinato …
■ Ha ragione! Provvedo subito.
● Grazie. E ci può portare anche un po' di pane, per favore?
■ Certo.

…

● Allora, come sono gli spaghetti?
▲ Mh, buoni, ma un po' pesanti. E i ravioli?
● Sono ottimi, davvero speciali! Anche il ristorante mi piace, è tranquillo, tradizionale …
▲ Sì sì. Senti, vuoi ancora un dolce, un caffè?
● No, grazie, va bene così.
▲ Allora paghiamo?
● Ma sì.
▲ Scusi! Il conto, per favore …

Worauf es ankommt

Probleme mit der Bestellung?
Falsch gebracht: Non è quello che ho ordinato. *(Das ist nicht das, was ich bestellt habe.)*, Avevo ordinato … *(Ich hatte … bestellt.)*

Zahlen, bitte!
(Mi porta) il conto, per favore? *(Bringen Sie mir bitte die Rechnung?)* oder Vorrei pagare. *(Ich möchte zahlen.)*

Ein bisschen Grammatik

Vor männlichen Hauptwörtern, die mit gn, ps, s + Mitlaut, x, y oder z beginnen, lauten die Artikel lo/uno in der Einzahl bzw. gli/degli in der Mehrzahl.

lo studente	der Student
lo yogurt	der Joghurt
degli studenti	(einige) Studenten
gli spaghetti	die Spaghetti
gli gnocchi	die Gnocchi (Kartoffelklößchen)

Übungen

1 Verständnis und Aussprache

Verstehen Sie diese Sätze? Dann sprechen Sie sie bitte nach! ▶ 41

1. Ecco gli spaghetti al pesto!
2. Non è quello che ho ordinato.
3. Avevo ordinato le penne alla romana.
4. Ci può portare una bottiglia d'acqua gasata?
5. Sì certo, vengo subito.
6. Scusi! Il conto, per favore.

2 Welcher Artikel passt?

Hier macht nur eine Kombination Sinn. Wissen Sie, welche?

1. le	a. spaghetti
2. la	b. tiramisù
3. gli	c penne
4. lo	d. tortellini
5. i	e. pasta
6. il	f. studente

3 Hören und verstehen

Hören Sie sich diesen Text an und beantworten Sie folgende Fragen bzw. ergänzen Sie den ersten Satz. ▶ 42

1. Aldo vuole un tavolo per …	a. una persona
	b. due persone
3. Aldo è vegetariano?	a. Sì, lui è vegetariano.
	b. No, non è vegetariano.
2. Cosa vuole come primo?	a. Gli spaghetti al pesto.
	b. Le fettuccine al ragù.
4. E da bere?	a. Un vino bianco.
	b. Un vino rosso.

4 Können Sie's auf Italienisch sagen?

Versuchen Sie, die deutschen Sätze auf Italienisch wiederzugeben. Sie finden die meisten im vorherigen Dialog.

1. Und wie sind die Spaghetti?
2. Sie sind gut, aber etwas schwer.
3. Das Restaurant gefällt mir, es ist sehr ruhig.
4. Möchtest du noch einen Nachtisch?
5. Nein danke, ich nehme nur einen Kaffee.
6. Die Rechnung, bitte!

Das Wichtigste auf einen Blick

Wichtige Floskeln ▶ 43

Certo!
Sicher!

Va bene!
Geht in Ordnung!

Ecco ...
Hier ist ...

Ha ragione!
Sie haben recht!

davvero
wirklich, tatsächlich

Reserviert?

Abbiamo prenotato un tavolo.
Wir haben einen Tisch reserviert.

A che nome?
Auf welchen Namen?

Per quante persone?
Für wie viele Personen?

Va bene qui?
Ist es hier recht?

Sonstiges

Scusi, dov'è il bagno?
Verzeihung, wo ist die Toilette?

In fondo a destra/a sinistra.
Hinten rechts/links.

Bestellen

Ci può portare il menù?	Können Sie uns die Karte bringen?
Volete ordinare?	Wollen Sie bestellen?
Vorrei ordinare ...	Ich würde gerne ... bestellen.
Vorremmo ordinare ...	Wir würden gerne ... bestellen.
come antipasto ...	als Vorspeise ...
come primo ...	als ersten Gang ...
come secondo ...	als zweiten Gang ...
Per me ...	Für mich ...
un bicchiere di vino	ein Glas Wein
una birra piccola/media	ein kleines/großes Bier
La nostra specialità è/sono ...	Unsere Spezialität ist/sind ...

Sonderwünsche

Che vino mi consiglia?	Welchen Wein empfehlen Sie mir?
Che piatto ci consiglia?	Welches Gericht empfehlen Sie uns?
C'è della carne in questo piatto?	Ist in diesem Gericht Fleisch?
È piccante?	Ist es scharf?
Sono vegetariano/-a.	Ich bin Vegetarier/in.
Sono allergico/-a al latte.	Ich bin auf Milch allergisch.

Was man so braucht ...

Cosa avete di dolce?	Was haben Sie als Nachtisch?
Ci può portare ancora ...?	Können Sie uns noch ... bringen?
un po' di pane	ein bisschen Brot
una bottiglia d'acqua naturale	eine Flasche stilles Wasser
una bottiglia d'acqua gasata	eine Flasche Sprudelwasser
del sale	Salz
del pepe	Pfeffer
dell'olio	Öl
dell'aceto	Essig
un coltello	ein Messer
una forchetta	eine Gabel
un cucchiaio	einen Löffel
degli stuzzicadenti	ein paar Zahnstocher
un tovagliolo	eine Serviette
Prendete ...?	Nehmen Sie ...?
un caffè	einen Kaffee (Espresso)
un dolce	einen Nachtisch

Essen & Trinken

MENU

Antipasti

bruschetta
crostini
affettati misti
formaggi misti
prosciutto e melone
vitello tonnato

Primi

spaghetti alle vongole
cannelloni
penne all'arrabbiata
lasagne
orecchiette alle cime di rapa
risotto ai funghi

Secondi

carne:
bistecca alla fiorentina
cotoletta alla milanese
spezzatino

pesce:
sogliola
trota
tonno

Contorni

insalata di pomodoro
insalata mista
patate arrosto
patatine fritte
polenta
verdure grigliate

Dolci

tiramisù
panna cotta
gelato misto
sorbetto al limone

Frutta

mela
pera
ananas
uva
arancia
macedonia

Digestivo

caffè
amaro
grappa
limoncello

(Die Bedeutungen der Gerichte finden Sie im alphabetischen Wortschatz.)

Lo sapevate?

Wer typisch und kostengünstig essen möchte, der sollte eine der zahlreichen und äußerst populären *osterie* (einfache Gasthäuser, die häufig als „Kantine" für Angestellte dienen) oder *trattorie* (etwas teurer als die *osterie*, aber nicht so teuer und chic wie das *ristorante*) aufsuchen, denn hier gibt es die wirklich authentischen Spezialitäten, und das oft in Form von angenehm günstigen Mittagsmenüs. In den exklusiveren *ristoranti* bestellt man normalerweise mehrere Gänge – *antipasti, primi, secondi* – hintereinander, wobei die Pastagerichte nur als Zwischengang *(primo)* vor der Hauptspeise *(secondo)* gelten. Doch keine Sorge, kein Kellner wird einen schief anschauen, wenn man z. B. auf den Fisch oder das Fleisch verzichtet und sich nur auf Vorspeisen und/oder Pasta beschränkt. Und was ist mit der Pizza? Ja, in der Tat ist die Pizza ein Sonderfall, denn sie gilt als umfassendes Hauptgericht. Doch vielerorts gibt es die Pizza im Restaurant nur abends!

Sicilia – Wo die Geschichte noch lebt!

Da non perdere! – Sehenswertes
Mit ihren rund 1.200 km Küstenlänge, bezaubernden Landschaften, einer vielfältigen Geschichte und reichen Kultur ist *Sicilia* ein wahres Paradies für Besucher aller Interessensgebiete, und das – aufgrund des mediterranen Klimas – selbst dann, wenn es in den meisten Teilen Europas kalt und „unwirtlich" ist. Ausgangspunkt sollte die Hauptstadt *Palermo* sein mit dem Normannenpalast und der eindrucksvollen Kathedrale, unter der sich die berühmten Kaiser- und Königsgräber befinden. Wirklich lebendig geht es auf dem geradezu orientalisch anmutenden *Vucciria*-Markt inmitten der Altstadt zu.

Buon appetito! – Regionale Spezialitäten
Auch die Küche Siziliens spiegelt die Geschichte der Insel wieder. So finden sich Einflüsse der griechischen, byzantinischen, arabischen, normannischen, aber auch spanischen Küche wieder. In erster Linie sollte hier Fisch – vor allem Thunfisch (*tonno*), Brasse (*sarago*) oder Schwertfisch (*pesce spada*) – auf dem Speiseplan stehen, aber auch üppige Fleischgerichte wie *farsumagru* (gefüllte Kalbsroulade) oder diverse Nudelrezepte, z. B. *pasta con le sarde* (Nudeln mit Sardinen), erfreuen sich großer Beliebtheit. Ganz besonders sizilianisch sind die Süßspeisen *cannoli* (mit Creme gefüllte Teigröllchen) und die *cassata* genannte Biskuittorte aus Aprikosengelee und *ricotta*-Käse.

Per esperti – Geheimtipps
Architektur-Fans sei eine Reise auf den Spuren des sogenannten sizilianischen Barocks durch Städte wie *Noto*, *Modica*, *Ragusa* und *Catania* empfohlen. Zu viel der Kultur? Wie wär's dann mit einem Besuch des höchsten (knapp 3.300 m) und aktivsten Vulkans Europas: dem Ätna? Von *Catania* aus erreicht man ihn mit Seilbahn und Bus auf einer Fahrt durch das gleichnamige Naturschutzgebiet.

8

In Verbindung bleiben – Rimanere in contatto

Was Sie in dieser Lektion lernen:
- wie man fragt, ob es WLAN im Zimmer gibt.
- wie man nach dem Passwort fragt.
- wie man sagt, dass etwas nicht funktioniert.
- wie man über Probleme beim Skypen™ spricht.

E-Mails auf Italienisch!

Können Sie die folgenden italienischen Begriffe den fünf Sonderzeichen zuordnen? Na wunderbar, dann buchstabieren Sie doch gleich mal Ihre E-Mail-Adresse oder Homepage.

1. chiocciola *oder* at	a. _
2. trattino	b. /
3. trattino basso	c. .
4. punto	d. -
5. barra	e. @

Gebräuchliche SMS-Abkürzungen

cm	come
ke	che
ki	chi
qnd	quando
qnt	quanto
x	per

C'è il Wi-Fi nella camera?

Hören Sie sich den folgenden Dialog an. ▶ 44

- Buongiorno. Ho una domanda. C'è il Wi-Fi nella camera?
- Buongiorno. Sì, certo. È anche gratuito.
- Molto bene. Può darmi la password, per favore?
- Eccola. Ha rete in tutto l'albergo.

…

- Il Wi-Fi non funziona.
- Normalmente non ci sono problemi. Ha introdotto la password correttamente, è sicuro? Forse può riprovare. È importante scrivere tutto con lettere minuscole.
- Ho fatto come dice Lei ma funziona qualche volta sì e qualche volta no. Il problema è che la connessione è molto debole.
- Oh, mi dispiace, non si preoccupi, mando qualcuno a controllare l'hotspot. Vediamo se dopo funziona meglio, va bene?
- Sì, perfetto. Molte grazie.

Worauf es ankommt

Fragen

C'è il Wi-Fi nella camera? (Gibt es im Zimmer WLAN?), Può darmi la password, per favore? (Können Sie mir bitte das Passwort geben?), Ha introdotto la password correttamente, è sicuro? (Haben Sie das Passwort korrekt eingegeben, sind Sie sicher?)

Technische Probleme

... non funziona. (... funktioniert nicht.), z. B.: il Wi-Fi (das WLAN), la connessione (die Verbindung), il computer (der Computer), il telefonino (das Handy), il tablet (das Tablet). Wenn mehrere Dinge nicht funktionieren, sagt man: ... non funzionano. (... funktionieren nicht.)

Ein bisschen Grammatik

Hier die Formen von potere *(können, dürfen)* in der Gegenwart:

(io) posso	(noi) possiamo
(tu) puoi	(voi) potete
(lui/lei, Lei) può	(loro) possono

WLAN

Ho una domanda.
Ich habe eine Frage.

Il Wi-Fi funziona qualche volta sì e qualche volta no.
Ab und zu funktioniert das WLAN, ab und zu nicht.

introdurre la password
das Passwort eingeben

È importante scrivere tutto con lettere minuscole.
Es ist wichtig, alles in Kleinbuchstaben zu schreiben.

Forse può riprovare.
Vielleicht können Sie es noch einmal versuchen.

La connessione è molto debole.
Die Verbindung ist sehr schwach.

Mando qualcuno a controllare l'hotspot.
Ich schicke jemanden, der den Hotspot überprüft.

Für Profis

Internet*
das Internet

il telefonino / il cellulare
das Handy

il computer / il tablet
der Computer / das Tablet

il lettore MP3
der MP3-Player

la scheda SIM / l'SMS
die SIM-Karte / die SMS

* meist ohne Artikel gebraucht

Aussprache

Wi-Fi wird uaifai, also wie im Englischen, ausgesprochen.
MP3 = emme pi tre
SMS = esse emme esse
.de = punto di e
.at = punto a ti
.ch = punto ci acca

Übungen

8A

1 Verständnis und Aussprache

Sicher verstehen Sie diese Sätze. Na dann bitte mal nachsprechen! ▶ 45

1. Ho una domanda.
2. C'è il Wi-Fi nella camera?
3. Il Wi-Fi è gratuito.
4. Può darmi la password, per favore?
5. Il problema è che la connessione è molto debole.
6. Funziona qualche volta sì e qualche volta no.

2 Bitte ordnen Sie

Bitte ordnen Sie die Sätze des folgenden Dialogs so, dass er einen Sinn ergibt.

avere bisogno di = brauchen

_ Quanto costa?
_ Può darmi la password?
1 Buongiorno, ho una domanda. C'è il Wi-Fi nella camera?
_ Non ha bisogno di una password.
_ Niente, è gratuito.
_ Certo, signore.

3 Passende Formulierungen

Finden Sie auf der vorherigen Seite die passenden Formulierungen für folgende Gesprächssituationen.

1. fragen, ob es im Zimmer WLAN gibt
2. fragen, ob das WLAN kostenlos ist
3. nach dem Passwort fragen
4. sagen, dass das WLAN nicht funktioniert
5. sagen, dass die Verbindung sehr schwach ist

4 Welche Verbform passt?

Ergänzen Sie die fehlenden Verbformen von potere (können, dürfen).

usare = benutzen

1. (Tu) ____________ darmi la password per il Wi-Fi?
2. (Io) ____________ aiutarla?
3. (Noi) ____________ riprovare.
4. C'è il Wi-Fi a casa mia, (voi) ____________ usarlo.
5. Forse (loro) ____________ mandare qualcuno a controllare l'hotspot.

Devi accendere la telecamera.

Skypen™
Ti sento, ma non ti vedo.
Ich höre dich, aber ich sehe dich nicht.

Devi accendere la telecamera.
Du musst die Webcam anschalten.

Forse hai il microfono spento.
Vielleicht ist bei dir das Mikrofon ausgeschaltet.

Sento un'eco.
Ich höre ein Echo.

Chiudo e riproviamo.
Ich mache zu und wir versuchen es noch einmal.

Ti posso richiamare io?
Kann ich dich zurückrufen?

Ti vedo finalmente.
Endlich sehe ich dich.

Auch wichtig
il bottone
der Knopf/Button

lo schermo
der Bildschirm

il microfono
das Mikrofon

le cuffie
die Kopfhörer

la chiavetta USB
der USB-Stick

Aussprache
Vorsicht, das italienische v wird nicht wie das deutsche v in „Vogel" gesprochen, sondern wie w in „Wasser".

Hören Sie sich den folgenden Dialog an. 46

- ■ Ciao, Paolo, mi senti?
- ● Sì, ti sento, ma non ti vedo. Devi accendere la telecamera.
- ■ Cosa devo fare?
- ● Devi accendere la telecamera. Clicca sul simbolo della telecamera. Ecco, così va meglio. Che piacere rivederti. Come va? Emilia? Forse hai il microfono spento.
- ■ Oh, scusa. Ho premuto il bottone sbagliato ato ato ato.
- ● Emilia, sento un'eco. Chiudo e riproviamo. Ti posso richiamare io?
- ■ Sì, certo.

...

- ● Ciao. Adesso va meglio. Ti vedo bene finalmente.
- ■ Io invece non ti vedo, lo schermo è nero.
- ● Oh, no. Aspetta un momento ... Va meglio così?
- ■ Sì sì, ora va benissimo.
- ● Bene, allora possiamo cominciare?
- ■ Sì, certo, cominciamo subito ...

Worauf es ankommt

Was man machen muss
Cosa devo fare? *(Was muss ich tun?)*, Devi accendere la telecamera. *(Du musst die Webcam einschalten.)*

Anweisungen geben
Clicca sul simbolo ... *(Klicke auf das ...-Symbol.)*, Aspetta un momento. *(Warte einen Moment.)*

Ein bisschen Grammatik

Weitere Formen wichtiger Verben, die Sie bereits kennen, sind u. a.:

(io) devo	ich muss
(tu) devi	du musst
(lui/lei) deve, (Lei) deve	er/sie muss, Sie müssen
(io) voglio	ich möchte, ich will
(noi) vogliamo	wir möchten, wir wollen
(io) vorrei	ich hätte/würde gerne
(noi) vorremmo	wir hätten/würden gerne

Übungen

8B

1 Verständnis und Aussprache

Sicher verstehen Sie die folgenden Sätze aus dem Dialog. ▶ 47
Dann sprechen Sie sie bitte nach!

1. Ti sento, ma non ti vedo.
2. Devi accendere la telecamera.
3. Clicca sul simbolo della telecamera.
4. Che piacere rivederti.
5. Ho premuto il bottone sbagliato.
6. Allora possiamo cominciare?

2 Was passt zueinander?

Bitte ordnen Sie den Satzbeginn in der linken Spalte dem Satzende in der rechte Spalte zu.

1. Ti posso ...	a. bene finalmente.
2. Forse hai ...	b. un momento.
3. Ti vedo ...	c. richiamare io?
4. Aspetta ...	d. non ti vedo.
5. Io invece ...	e. il microfono spento.

3 Hören und verstehen

Können Sie die folgenden Fragen zu dem Hörtext beantworten? ▶ 48

risolvere = lösen

1. Chi ha un problema?	a. Giovanna.
	b. Luca.
2. Cosa deve fare Luca?	a. Accendere la telecamera.
	b. Accendere il microfono.
3. Possono risolvere il problema finalmente?	a. Sì.
	b. No.

4 Passende Formulierungen

Finden Sie im letzten Dialog die passenden Formulierungen für folgende Gesprächssituationen.

1. sagen, dass man seinen Gesprächspartner hört, aber nicht sieht
2. fragen, was man tun soll
3. sagen, dass der Gesprächspartner auf das Webcam-Symbol klicken soll
4. fragen, ob es so besser geht
5. fragen, ob man jetzt anfangen kann

Das Wichtigste auf einen Blick

Nützliche Wendungen ▶ 49

Il Wi-Fi è gratuito?
Ist das WLAN kostenlos?

... non funziona/funzionano.
... funktioniert/funktionieren nicht.

Ha rete in tutto l'albergo.
Sie haben im ganzen Hotel Netz.

Floskeln fürs Skypen™

Ciao, mi senti?
Hallo, hörst du mich?

Che piacere rivederti.
Schön, dich wiederzusehen.

Sento un'eco.
Ich höre ein Echo.

Ti vedo finalmente.
Endlich sehe ich dich.

Adesso va meglio.
Jetzt ist/geht es besser.

WLAN

C'è il Wi-Fi nella camera?	Gibt es im Zimmer WLAN?
Può darmi la password, per favore?	Können Sie mir bitte das Passwort geben?
Il Wi-Fi non funziona.	Das WLAN funktioniert nicht.
Ha introdotto la password correttamente?	Haben Sie das Passwort korrekt eingegeben?
È importante scrivere tutto con lettere minuscole.	Es ist wichtig, alles in Kleinbuchstaben zu schreiben.
La connessione è molto debole.	Die Verbindung ist sehr schwach.
Può mandare qualcuno a controllare l'hotspot?	Können Sie jemanden schicken, der den Hotspot kontrolliert?

Skypen™

Ti sento, ma non ti vedo.	Ich höre dich, aber ich sehe dich nicht.
Cosa devo fare?	Was muss ich tun?
Devi accendere la telecamera.	Du musste die Webcam einschalten.
Clicca sul simbolo della telecamera.	Klicke auf das Webcam-Symbol.
Forse hai il microfono spento.	Vielleicht ist bei dir das Mikrofon ausgeschaltet.
Ti posso richiamare io?	Kann ich dich zurückrufen?
Ho premuto il bottone sbagliato.	Ich habe den falschen Button gedrückt.
Lo schermo è nero.	Der Bildschirm ist schwarz.

Internet & Telefon

8

Immer online

Mit Olivetti war Italien nicht nur einer der ersten Hersteller von PCs weltweit, sondern ist auch bis heute ein Trendsetter in Sachen Computer-Design! Natürlich wird auch am Stiefel der Zugang ins WWW immer einfacher. Erfreulicherweise bieten mittlerweile die meisten Hotels gratis WLAN-Internetzugang. Auch gibt es in immer mehr Cafés und Restaurants die Möglichkeit, sich ins Netz einzuloggen. Außerdem existieren immer noch viele Internetcafés *(il punto Internet* oder *l'Internet caffè*), die meist über eine schnellere Verbindung verfügen als die offenen Netze.

Telefonnummern

Viele Firmen und Institutionen bieten in Italien eine für den Anrufer kostenlose Service-Nummer, die *numero verde*, an. Die kostenlose Notrufnummer 112 gilt auch in Italien.

Pronto!

Italiener melden sich in der Regel am Telefon mit *pronto!* und nicht mit ihrem Nachnamen. Also bloß nicht gleich auflegen, weil Sie dachten, dass Sie sich verwählt haben

Lo sapevate?

Wussten Sie, dass die regionale Vorwahl *(prefisso)* auch innerhalb des jeweiligen Ortes mitgewählt werden muss, und zwar von Festnetz zu Festnetz oder vom Handy ins Festnetz?
Die Ländervorwahl nach Italien lautet 0039. Die darauffolgende 0 der Ortsnummer muss auch bei Gesprächen aus dem Ausland stets gewählt werden. Aus Italien wählt man folgende Nummer vor: Deutschland: 0049, Österreich: 0043, Schweiz: 0041.

Campania – Entspannung pur

Da non perdere! – Sehenswertes

Ausgangspunkt für einen Besuch Kampaniens ist die Hauptstadt Neapel, die als Geburtsort der Pizza gilt. Einfach traumhaft ist die am *Golfo di Napoli* liegende und vom Vesuv flankierte Stadt aus der Vogelperspektive, z. B. vom *Castel Sant'Elmo* aus. Doch die meisten Besucher nutzen Neapel speziell als Sprungbrett zu den Sehenswürdigkeiten der Umgebung wie den Phlegräischen Feldern mit ihren vulkanischen Erscheinungen, den Ausgrabungen der 79 n. Chr. durch den Ausbruch des Vesuvs verschütteten römischen Städte *Pompei* und *Ercolano*, den Badeorten entlang der Küste wie *Amalfi*, *Positano*, *Ravello* und *Sorrento* und zu den nahegelegenen Inseln wie dem exklusiven *Capri* mit seiner Blauen Grotte oder *Ischia* mit den weltberühmten Thermalbädern.

Buon appetito! – Regionale Spezialitäten

Nein, in Kampanien muss man sich definitiv nicht nur von Pizza ernähren! Die Region bietet eine der herzhaftesten Küchen des Landes, in der sowohl Fleisch und Fisch als auch Meeresfrüchte einen wichtigen Stellenwert haben. Lassen Sie sich auf keinen Fall den hervorragenden Büffelmozzarella, z. B. als *insalata caprese* (Tomaten, Mozzarella und Basilikum), die diversen Pastavariationen, wahlweise mit *ragù* (einer herzhaften Fleischsauce), *alle vongole* (Venusmuscheln) oder einfach *alla pummarola* (die klassische Tomatensauce) sowie die frittierten Leckerbissen namens *fritto misto* entgehen. Garantiert *delizioso*!

Per esperti – Geheimtipps

Ein echter Geheimtipp ist eine Tour durch Neapels unterirdische Stadt *Napoli Sotterranea*. Wem der Sinn mehr nach Natur fernab der Zivilisation steht, dem sei ein Besuch der Nationalparks *Cilento* und *Vallo di Diano* empfohlen. Hier befinden sich auch die bedeutenden antiken Stätten von *Velia*, *Paestum* und der Kartause von *Padula*.

9

In der Bank und auf der Post – In banca e alla posta

Herzliche Urlaubsgrüße

Können Sie die Texte dieser drei Postkarten aus Italien den drei Bildern zuordnen? Gar nicht so schwer, oder?

*Gentile famiglia Rossi,
come state? Spero che sia tutto a posto.
Tanti cari saluti da Bolzano,
Reiner Meyer*

*Caro Giuseppe,
come va l'estate in città?
Un abbraccio da Taormina,
Christine & Paul*

*Salve amici!
Vi mando un bacione da Rimini.
A presto,
Ronnie*

Was Sie in dieser Lektion lernen:

- wie man bei Problemen am Geldautomaten reagiert.
- wie man im Tabakladen Briefmarken und anderes kauft.
- wie man auf der Post eine Sendung aufgibt.

Poste Italiane

Die italienische Post ist ein öffentliches Unternehmen mit etwa 150.000 Angestellten. An den 14.000 Zweigstellen werden nicht nur Versand-, sondern auch Bankdienstleistungen angeboten. Mehr Informationen gibt es unter **www.poste.it**.

Il bancomat si è bloccato.

Am Geldautomaten

il bancomat
der Geldautomat

la carta di credito
die Kreditkarte

la carta/la tessera del bancomat
die EC-Karte

digitare il codice (segreto)
die Geheimzahl eingeben

inserire la tessera
die Karte einführen

ritirare la tessera/i soldi
die Karte/das Geld entnehmen

Premere „conferma"/„annulla"/„correggi"
Drücken Sie „Bestätigen"/„Abbrechen"/„Korrektur"

Probleme

Cosa devo fare?
Was muss/soll ich machen?

Ha inserito il codice sbagliato?
Haben Sie die falsche Geheimzahl eingegeben?

Abbiamo bisogno di un'e-mail dalla Sua banca.
Wir brauchen eine E-Mail von Ihrer Bank.

Der Konditional
Ist für viele Verben unregelmäßig. Sie kennen bereits: potrei (ich könnte), dovrei (ich müsste/sollte), dovrebbe (Sie müssten/sollten), vorrei (ich möchte/hätte gerne), vorremmo (wir möchten/hätten gerne) etc.

Hören Sie sich den folgenden Dialog an. 50

Inserire la tessera ...
Digitare il codice e premere „conferma"
Problema di collegamento per intervento di operatore esterno ...
Inserire la tessera ...

- Eh?

Inserire la tessera ...

- Ma è già inserita ... Ehi, la mia tessera!

Inserire la tessera ...

- Buongiorno, mi dica ...
- Il bancomat si è bloccato e non mi restituisce la tessera!
- Forse ha digitato il codice sbagliato ...
- No no, il codice è giusto! Sono sicura. Che devo fare per riavere la mia tessera?
- Non si preoccupi, fra qualche giorno la spediamo alla Sua banca.
- Cosa? Fra qualche giorno?! Non la potrei avere subito? Dovrei pagare l'albergo, e poi come faccio senza soldi?
- Mah, allora la Sua banca dovrebbe mandare un'e-mail con l'autorizzazione. Purtroppo è così. Sono le nostre regole ...
- Ok. Qual è il vostro indirizzo e-mail?

Worauf es ankommt

Probleme am Geldautomaten
Il bancomat non mi restituisce la tessera! *(Der Geldautomat gibt mir die Karte nicht zurück!)* oder Non posso prelevare dei soldi con la mia tessera. *(Ich kann kein Geld mit meiner Karte abheben.)*

Persönliche Infos
Qual è la Sua banca? *(Wie ist Ihre Bankverbindung?)*, Qual è il codice IBAN? *(Wie ist der IBAN-Code?)* oder Qual è il Suo numero di conto? *(Wie ist Ihre Kontonummer?)*

Ein bisschen Grammatik

Die Verben auf -are bilden das Partizip der Vergangenheit meist auf -ato/-ata, die auf -ere auf -uto/-uta und die auf -ire meist auf -ito/-ita:

digitare *(wählen)* → digitato *(gewählt)*
potere *(können)* → potuto *(gekonnt)*
inserire *(einführen)* → inserito *(eingeführt)*

Übungen

1 Verständnis und Aussprache

Sprechen Sie bitte diese Sätze nach! Wenn Sie sich den A-Dialog gut durchgelesen haben, sollte auch das Verständnis keine Probleme machen. ▶ 51

1. Buongiorno signora, mi dica ...
2. Ho un problema con il bancomat.
3. Purtroppo non mi restituisce la tessera!
4. Forse ha digitato il codice sbagliato.
5. Cosa faccio adesso senza soldi?
6. Non si preoccupi, spediamo la tessera alla Sua banca.

2 Welche Verben passen?

Au weia, hier fehlt doch was! Lesen Sie die Sätze und ergänzen Sie die fehlenden Verben.

è – preoccupi – pagare – bloccato – sono – dovrebbe

1. Dovrei __________ l'albergo.
2. Lei __________ mandare un'e-mail.
3. Il codice __________ giusto!
4. __________ sicura.
5. Non si __________!
6. Il bancomat si è __________.

3 Bilden Sie die Partizipien

Können Sie sich an die Bedeutungen dieser Verben erinnern?

1. bloccare
2. digitare
3. inserire
4. premere
5. potere
6. sbagliare

4 Werden Sie italienischer Rechenmeister

Formulieren Sie ausgehend von 20 eine Reihe von Rechenanweisungen wie im Beispiel.

Venti **più quattordici** uguale **trentaquattro**.

1. più 14
2. meno 32
3. più 17
4. più 55
5. meno 42
6. meno 19
7. più 36
8. meno 10
9. meno 14
10. più 30
11. meno 9
12. più 26

Vorrei spedire un pacco.

Beim *tabaccaio*
Prendo ...
Ich nehme ...

questa cartolina
diese Postkarte

un francobollo
eine Briefmarke

delle sigarette
Zigaretten

Auf der Post
la posta
die Post

la lettera
der Brief

il pacco
das Paket

il pacchetto
das Päckchen

Normale o raccomandata?
Normal oder eingeschrieben?

Celere o ordinario?
Express oder normal?

Aussprache
s wird im Italienischen auch vor c, p oder t als s gesprochen und nicht wie im Deutschen „Sport“ oder „Stall“ wie sch.

Hören Sie sich den folgenden Dialog an. ▶ 52

● Salve, prendo questa cartolina e un francobollo. E questo giornale, per favore.
■ Fa sei euro e cinquanta.
● Ah, e vorrei anche spedire un pacco, è possibile?
■ Purtroppo no, per i pacchi deve andare in posta, ce n'è una qui vicino, proprio dietro l'angolo ...
● Ok, grazie mille. Arrivederci ...

...

▲ Il prossimo, prego!
● Buongiorno, vorrei spedire questo pacco in Germania.
▲ Celere o ordinario?
● Come scusi? Non ho capito ...
▲ Lo vuole spedire con la posta normale o più veloce?
● Ah sì, ho capito ... Normale va benissimo, grazie.
▲ Allora sono sette euro.

Worauf es ankommt

Post versenden
Man sagt: Vorrei spedire ... *(Ich würde gerne ... schicken.)* gefolgt von der jeweiligen Sendung. Nach Briefmarken fragt man: Ho bisogno di un francobollo/due francobolli per ... *(Ich brauche eine Briefmarke/zwei Briefmarken nach ...)* gefolgt vom jeweiligen Land.

Das kostet ...
Man hört: Costa ... *(Es kostet ...)*, Fa ... *(Das macht ...)* oder einfach Sono ... *(Das sind ...)*

Ein bisschen Grammatik

Die italienischen Hauptwörter kennen auch in der Mehrzahl einen unbestimmten Artikel. Im Unterschied zum Deutschen muss dieser bei unbestimmten Mengenangaben immer stehen:

Prendo delle sigarette.	Ich nehme Zigaretten.
Vorrei delle cartoline.	Ich hätte gerne Postkarten.

Steht jedoch vor dem Hauptwort das Verhältniswort di *(von)*, ist der Artikel nicht notwendig:

un pacchetto di sigarette	ein Päckchen Zigaretten

Übungen

1 Verständnis und Aussprache

Verstehen Sie alle Sätze? Na dann bitte einmal nachsprechen! ▶ 53

1. Prendo questa cartolina.
2. Ho anche bisogno di francobolli.
3. Vorrei spedire questo pacco in Austria.
4. Con la posta normale o più veloce?
5. Normale va benissimo, grazie.
6. Fa otto euro e cinquanta.

2 Ordnung ist die halbe Übung!

Dieser Dialog ist gründlich durcheinandergeraten.
Können Sie ihn wieder richtig ordnen?

__ Il francobollo è per l'Italia?
__ E ho anche bisogno di un francobollo.
__ Allora sono tre euro.
_1_ Salve, prendo questa cartolina.
__ Ecco a Lei.
__ No, è per la Germania.

3 Hören und verstehen

Bitte achten Sie in diesem Hörtext erneut genau auf alle Informationen und ergänzen Sie die Aussagen bzw. beantworten Sie die Fragen. ▶ 54

1. Carla vuole spedire ...
   a. un pacco
   b. un pacchetto
2. Celere o ordinario?
   a. Celere.
   b. Ordinario.
3. Ha anche bisogno di ...
   a. un fratello
   b. un francobollo
4. Quanto paga?
   a. 9,70 €
   b. 9,60 €

4 Bitte vervollständigen

Setzen Sie die vorgegebenen Wörter in den Mustersatz ein. Alles klar?

Vorrei spedire **questo pacco** in **Germania**.

1. questo pacco – Germania
2. questa cartolina – Austria
3. questa lettera – Svizzera
4. questi pacchi – Francia
5. queste cartoline – Italia
6. queste lettere – Spagna

Das Wichtigste auf einen Blick

Wichtige Ausdrücke ▶ 55

Mi dica ...
Bitte ...

(Non) ho capito.
Ich habe es (nicht) verstanden.

Sono sicuro/-a!
Ich bin (mir) sicher!

Non si preoccupi!
Keine Sorge!

fra qualche giorno
in einigen Tagen

Was man beim *tabaccaio* noch so kauft

delle cartine
Zigarettenpapier

dei filtri
Filter

dei sigari
Zigarren

un accendino
ein Feuerzeug

dei fiammiferi
Streichhölzer

un giornale (tedesco)
eine (deutsche) Zeitung

una rivista (tedesca)
eine (deutsche) Zeitschrift

Am Geldautomaten

il bancomat	der Geldautomat
la carta di credito	die Kreditkarte
la carta/la tessera del bancomat	die EC-Karte
digitare il codice (segreto)	die Geheimzahl eingeben
inserire la tessera	die Karte einführen
ritirare la tessera	die Karte entnehmen
Premere ...	Drücken Sie ...
conferma/annulla/correggi	Bestätigen/Abbrechen/Korrektur

Probleme

Ho un problema con il bancomat.	Ich habe ein Problem mit dem Geldautomaten.
Non posso prelevare.	Ich kann nicht abheben.
Non mi restituisce la tessera.	Er gibt mir die Karte nicht zurück.
Cosa devo fare?	Was muss ich machen?
Ha inserito il codice sbagliato?	Haben Sie die falsche Geheimzahl eingegeben?
Abbiamo bisogno di ...	Wir brauchen ...
un'e-mail dalla Sua banca	eine E-Mail von Ihrer Bank
Ho perso la carta di credito.	Ich habe meine Kreditkarte verloren.
Quando posso riavere la tessera?	Wann kann ich die Karte wieder haben?
Posso prelevare dei soldi allo sportello?	Kann ich am Schalter Geld abheben?

Beim *tabaccaio*

Prendo ...	Ich nehme ...
un pacchetto di sigarette	ein Päckchen Zigaretten
questa cartolina	diese Postkarte
un francobollo	eine Briefmarke

Auf der Post

la posta	die Post
la lettera	der Brief
il pacco	das Paket
il pacchetto	das Päckchen
una busta	ein Briefumschlag/Kuvert
Normale o raccomandata?	Normal oder eingeschrieben?
Con ricevuta di ritorno?	Mit Empfangsbestätigung?

Banken & Postämter

Am Geldautomaten

Die EC-Karte kann gegen Gebühr an jedem Automaten mit Geheimzahl (PIN) zum Abheben von Bargeld eingesetzt werden. Die Gebühren für das Abheben mit der Kreditkarte sind in der Regel höher. Kreditkarten werden in den meisten Hotels, Restaurants und Geschäften sowie an allen Tankstellen akzeptiert – jedoch Vorsicht, das „Klonen" von Karten kommt in Italien relativ häufig vor.

Auf der Post

Im Zeitalter von SMS und E-Mails mögen Postkarten altmodisch wirken, doch so manch Zuhausegebliebener freut sich sicher noch über einen kleinen postalischen Gruß. Neben den Standardsendungen wird eine schnellere Versandart namens *posta prioritaria* angeboten, bei der Lieferungen in die EU innerhalb von drei Tagen ankommen und etwas teurer sind. Die roten Briefkästen haben einen Schlitz für Stadtpost *(per la città)* und einen für andere Orte *(per tutte le altre destinazioni)*. Briefmarken *(francobolli)* erhält man auch in den meisten Tabakläden *(tabaccaio)*, die außen mit einem weißen „T" auf schwarzem Grund gekennzeichnet sind.

Lo sapevate?

Seit den 1970er Jahren entstand eine Kunstform namens *Mail Art* (englisch „Postkunst"), also Kunst per Brief und später per E-Mail, bei der auch italienische Künstler ganz vorne mitmischten. In *Montecarotto*, nahe *Ancona*, befindet sich das erste *Mail-Art*-Museum Italiens, das *Museo Civico e della Mail Art*.

Sardegna – Ein Hauch von Abenteuer

Da non perdere! – Sehenswertes
Sardinien hat bis heute seine eigenständige Kultur bewahrt. So spricht ein Teil der Bevölkerung Sardisch als Muttersprache und regionale Traditionen werden voller Stolz aufrechterhalten. Die Höhepunkte einer Reise durch die zweitgrößte Mittelmeerinsel sind neben den klassischen Badeorten die roten Felsen von *Arbatax*, der *Capo Testa* im Norden der Insel, eine Bergtour durch den Nationalpark *Gennargentu e Supramonte*, die Höhlen *Grotta del Bue Marino*, *Grotta di Nettuno* und *Grotta di Ispinigoli* oder eine Fahrt über die Berg- und Küstenstraßen zwischen *Alghero* und *Bosa*.

Buon appetito! – Regionale Spezialitäten
Selbst kulinarisch ist *Sardegna* eine Reise wert, findet man doch hier den Schafskäse *pecorino*, das berühmte dünne Hirtenbrot *pane carasau* (auf Italienisch *carta da musica* genannt), eigene Nudelkreationen wie *malloreddus* (Grießnudeln), *culingionis* (mit Kartoffeln gefüllte Weizenravioli) oder die äußerst leckeren *spaghetti all'aragosta* (Spaghetti mit Languste) sowie hervorragende Weinsorten wie *cannonau*, *carignano* oder *vernaccia*.

Per esperti – Geheimtipps
Wer von *Alghero* etwa 20 km nördlich an die malerische Bucht von *Porto Conte* unterwegs ist, der sollte auf keinen Fall die *Nuraghi* – frühgeschichtliche Turmbauten – von *Palmavera* verpassen. Sie vermitteln noch einen Einblick in eine längst vergangene Zeit. Doch auch das Inland ist äußerst sehenswert, sind doch große Teile Sardiniens Naturschutzgebiete, in denen zahlreiche seltene Tier- und Pflanzenarten zu finden sind, wie z. B. im *Parco del Sulcis* unweit der Hauptstadt *Cagliari*.

10

Auf Reisen – In viaggio

Das liebe Wetter!

Sehen Sie sich die Fotos an und versuchen Sie, jedes mit einem der folgenden Sätze zum Thema Wetter in Verbindung zu bringen.

1. C'è il sole.
2. Fa freddo.
3. C'è la nebbia.
4. Piove.
5. C'è vento.

Was Sie in dieser Lektion lernen:

- wie man sich nach dem richtigen Fahrschein erkundigt.
- wie man fragt, welches Verkehrsmittel man am besten nimmt.
- wie man einem Taxifahrer sagt, wohin man fahren will.
- wie man Small Talk macht.
- wie man das Wetter beschreibt.

Mit dem Fahrrad

Viele italienische Städte eignen sich bestens dazu, per „Drahtesel" erkundet zu werden. Praktisch überall finden sich lokale Vermieter.

Bus, Straßenbahn, U-Bahn

l'autobus
der Bus

la metro(politana)/il metrò
die U-Bahn

il tram
die Straßenbahn

la fermata
die Haltestelle

la stazione
der Bahnhof/die Station

il capolinea
die Endhaltestelle

Devo cambiare?
Muss ich umsteigen?

Sì, deve scendere a ...
Ja, Sie müssen in ... aussteigen.

In che direzione?
In welche Richtung?

Mi può dire quando siamo a ...?
Können Sie mir sagen, wann wir in ... sind?

Fahrkarten

Dove posso comprare il biglietto?
Wo kann ich die Fahrkarte kaufen?

Dov'è la biglietteria?
Wo ist der Fahrkartenschalter?

Vorrei un biglietto normale/giornaliero.
Ich hätte gerne eine normale Fahrkarte/ein Tagesticket.

Vorrei fare un abbonamento settimanale/mensile.
Ich hätte gerne eine Wochen-/Monatskarte.

Deve prendere un taxi ...

Hören Sie sich den folgenden Dialog an. ▶ 56

- ● Salve, il Corriere e un biglietto, per favore.
- ■ Sono due euro.
- ● Ah mi scusi, un biglietto giornaliero invece quanto costa? O magari un settimanale?
- ■ Dunque, il giornaliero costa quattro euro e il settimanale sedici.
- ● Allora prendo un giornaliero. Senta, come faccio ad arrivare all'aeroporto?
- ■ Prende l'autobus, il 3. Fa sei fermate e scende al Circo Massimo, poi prende la metro in direzione Rebibbia fino alla stazione Termini, e da lì c'è un treno diretto per l'aeroporto.
- ● Va bene, grazie.
- ■ Ma giovedì c'è sciopero, eh, attenzione!
- ● Oh no, proprio giovedì? E ora che faccio?
- ■ Eh, deve prendere un taxi ...

Worauf es ankommt

Wie komme ich nach/zu ...?
Man fragt am besten: Come faccio ad arrivare a ... (da qui)? oder einfach Come vado a ... (da qui)? *(Wie komme ich [von hier] nach/zu ...?)* Außerdem: Che linea/numero devo prendere? *(Welche Linie/Nummer muss ich nehmen?)* und Dove devo scendere? *(Wo muss ich aussteigen?)*

Transportverbindungen
Wichtige Sätze: Prende ... *(Sie nehmen ...)*, Fa ... fermate. *(Sie fahren ... Stationen.)*, Scende a ... *(Sie steigen in ... aus.)*, Va fino alla stazione ... *(Sie fahren bis zur Station ...)*, Deve prendere la linea ... *(Sie müssen die Linie ... nehmen.)*

Ein bisschen Grammatik

Wenn das Verhältniswort *a* mit den verschiedenen Formen des bestimmten Artikels verbunden wird, gibt es folgende Kombinationen:

a + il = al → al parco *(in den/zum Park)*
a + la = alla → alla stazione *(zum Bahnhof)*
a + lo = allo → allo stadio *(zum Stadion)*
a + l' = all' → all'aeroporto *(zum Flughafen)*

Übungen

1 Verständnis und Aussprache

Die alte Story! Erst verstehen und dann ganz einfach nachsprechen, bitte! ▶ 57

1. Vorrei un biglietto giornaliero, per favore.
2. Come faccio ad arrivare alla stazione?
3. Che numero devo prendere?
4. Prende il 5 e scende alla stazione Termini.
5. Oggi c'è sciopero ...

2 Verhältniswort + Artikel

Wohin möchten Sie? Bilden Sie Sätze, aber Vorsicht, denn die richtige Kombination aus dem Verhältniswort **a** und dem Artikel müssen Sie selbst finden. Unbekannte Wörter können Sie im alphabetischen Wortschatz nachschlagen.

Come faccio ad arrivare **all'aeroporto**?

1. aeroporto
2. porto
3. stazione
4. pensione
5. piazza Garibaldi
6. stadio
7. zoo
8. mare
9. cinema
10. mio albergo
11. mercato
12. parco municipale

3 Die Wochentage

Erinnern Sie sich an die italienischen Wochentage? Wenn ja, dann setzen Sie diese bitte in den kleinen Dialog ein (die deutschen Namen stehen hier nur als Platzhalter).

Ma **lunedì** c'è sciopero, attenzione! – Oh no, proprio **lunedì**?

1. Montag
2. Dienstag
3. Mittwoch
4. Donnerstag
5. Freitag
6. Samstag
7. Sonntag

4 Was gehört wohin?

Vervollständigen Sie bitte die Sätze mit den angegebenen Wörtern. Gar nicht so schwierig, oder?

fino – fermate – conviene – giornaliero – linea – abbonamento

1. Quanto costa un biglietto ____________ ?
2. Vorrei fare un ____________ mensile.
3. Va ____________ alla stazione di Piazza Dante.
4. C'è sciopero, Le ____________ prendere un taxi.
5. Fa sei ____________ e scende al Circo Massimo.
6. Senta, che ____________ devo prendere?

Im Taxi

il taxi
das Taxi

il tassista
der Taxifahrer

Può chiamare un taxi, per favore?
Können Sie bitte ein Taxi rufen?

Pronto, vorrei un taxi a/in ..., per favore.
Hallo, ich möchte bitte ein Taxi bei/in ...

Quant'è?
Wie viel macht das?

Small Talk

Che tempo, eh?!
Was für ein Wetter?!

Che caldo/freddo, oggi!
Wie heiß/kalt es heute ist!

Piove sempre così tanto qui?
Regnet es hier immer so viel?

Com'è il tempo domani?
Wie wird das Wetter morgen?

Dovrebbe migliorare/peggiorare.
Es sollte besser/schlechter werden.

Le piace il calcio?
Mögen Sie Fußball?

Sì, certo!
Ja, klar!

Veramente non molto ...
Wirklich nicht sehr ...

Per che squadra tifa?
Für welche Mannschaft sind Sie?

All'aeroporto, per favore.

Hören Sie sich den folgenden Dialog an. ▶ 58

- ● È libero?
- ■ Sì sì, prego. Mi dia le valigie ... Dove La porto?
- ● All'aeroporto, per favore.
- ■ Parte di già? Non Le piace Roma?
- ● Sì sì, tantissimo ... E poi qui c'è il sole, fa caldo ... Però devo tornare al lavoro ...
- ■ Eh sì, ha ragione, è proprio bel tempo ... Ma la settimana prossima piove, sa? Parte appena in tempo ... Ma Lei, di dov'è?
- ● Sono tedesco ...
- ■ Ah, ho capito. Vabbè, almeno quest'anno il Bayern Monaco va bene, no? Le piace il calcio? Per che squadra tifa?
- ● Mah, veramente ...
- ■ Eh, io sono un tifoso della Roma, sa ... Per me la Roma è tutto ...

Worauf es ankommt

Mit dem Taxi

Wichtige Sätze sind: È libero? *(Sind Sie frei?)*, Mi scusi, quanto costa andare a ...? *(Verzeihung, was kostet es zum/nach ...?)*. Das gewünschte Fahrtziel gibt man am einfachsten nur in Verbindung mit per favore *(bitte)* an: Via Garibaldi 25, per favore. *(Zur Via Garibaldi 25, bitte.)* oder All'aeroporto, per favore. *(Zum Flughafen, bitte.)*

Das Wetter

Fa freddo/caldo. *(Es ist kalt/heiß.)*, Il tempo è bello/brutto. *(Das Wetter ist schön/schlecht.)*, È nuvoloso. *(Es ist bewölkt.)*, C'è il sole. *(Es ist sonnig.)*, C'è vento. *(Es ist windig.)*, Piove. *(Es regnet.)*, Nevica. *(Es schneit.)*, C'è la nebbia. *(Es ist neblig.)*

Ein bisschen Grammatik

Die Verhältniswörter a und in können „nach", „zu" oder „in" heißen. Während a generell mit Städtenamen steht, verwendet man in mit Ländern und Plätzen und meistens auch Straßennamen: a Roma *(in/nach Rom)*, in Italia *(in/nach Italien)*.

Übungen

1 Verständnis und Aussprache

Alles verstanden? Dann sprechen Sie bitte einfach mal nach! ▶ 59

1. È libero, vero? Devo andare alla stazione.
2. Sì sì, prego signora. Mi dia le valigie.
3. Quanto costa andare al porto?
4. Che brutto tempo, oggi! Piove e c'è vento.
5. Ma la settimana prossima dovrebbe migliorare.
6. Per che squadra tifa in Italia?

2 Was passt zueinander?

Können Sie jedem Satz eine logische Antwort zuordnen?

purtroppo = leider

1. È libero?	a. Per il Napoli!
2. Dove La porto?	b. Sì sì, prego.
3. Per che squadra tifa?	c. Veramente non molto ...
4. Ma Lei, di dov'è?	d. Sì, purtroppo.
5. Ah, parte di già?	e. Alla stazione.
6. Le piace il calcio?	f. Sono austriaca.

3 Hören und verstehen

Einfach den Text aufmerksam anhören, dann macht Ihnen das Beantworten dieser Fragen bzw. das Ergänzen der Sätze 1 und 3 sicher keine Probleme. ▶ 60

1. Roberto deve andare ...	a. all'aeroporto
	b. al porto
2. Fa bel tempo, vero?	a. Sì, fa bel tempo.
	b. No, piove molto.
3. Perché torna a Berna?	a. Deve tornare al lavoro.
	b. Non gli piace Milano.
4. Il tassista tifa per ...	a. l'Inter
	b. il Milan

4 Das liebe Wetter

Auch in Italien ist das Wetter ein beliebtes Gesprächsthema. Sagen Sie auf Italienisch, dass ...

1. es heute heiß ist
2. es kalt ist und schneit
3. das Wetter schön ist und es sonnig ist
4. das Wetter schlecht ist und es neblig ist
5. es bewölkt und windig ist
6. es nächste Woche regnet

Das Wichtigste auf einen Blick

Wichtiges! 61

magari
vielleicht

Attenzione!
Achtung! / Vorsicht!

Proprio ...
Ausgerechnet ...

Mi dia ...
Geben Sie mir ...

Ha ragione!
Sie haben recht!

appena in tempo
gerade rechtzeitig

Vabbè!
Geht klar!

Mit dem Fahrrad

Vorrei noleggiare una bici(cletta).
Ich würde gerne ein Fahrrad mieten.

Per quanto tempo?
Für wie lange?

Per un'ora/per due ore/per un giorno.
Für eine Stunde/für zwei Stunden/für einen Tag.

Ci sono piste ciclabili?
Gibt es Radwege?

Avete una mappa della città?
Haben Sie einen Stadtplan?

Bus, Straßenbahn, U-Bahn

l'autobus	der Bus
la metro(politana)/il metrò	die U-Bahn
il tram	die Straßenbahn
la fermata	die Haltestelle
la stazione	der Bahnhof/die Station
Devo cambiare?	Muss ich umsteigen?
Sì, deve scendere in ...	Ja, Sie müssen in ... aussteigen.
In che direzione?	In welche Richtung?

Fahrkarten

Dove posso comprare ...	Wo kann ich ... kaufen?
un biglietto normale/giornaliero	eine normale Fahrkarte/ein Tagesticket
un abbonamento settimanale/mensile	eine Wochen-/Monatskarte
Dov'è la biglietteria?	Wo ist der Fahrkartenschalter?

Im Taxi

il taxi	das Taxi
il tassista	der Taxifahrer
Può chiamare un taxi?	Können Sie ein Taxi rufen?
Può aspettare qui?	Können Sie hier warten?
Quant'è?	Wie viel macht das?
Tenga pure il resto.	Behalten Sie den Rest.

Small Talk

Che caldo/freddo, oggi!	Wie heiß/kalt es heute ist!
Piove sempre così tanto qui?	Regnet es hier immer so viel?
Com'è il tempo domani?	Wie wird das Wetter morgen?
Le piace il calcio?	Mögen Sie Fußball?
Sì, certo!	Ja, klar!
Veramente non molto ...	Wirklich nicht sehr ...
Per che squadra tifa?	Für welche Mannschaft sind Sie?
Sono tifoso/tifosa del/della ...	Ich bin Fan von ...

Reiseerfahrungen

È già stato/-a in Italia/a Roma?	Waren Sie schon mal in Italien/Rom?
No, è la prima volta.	Nein, es ist das erste Mal.
Sì, è la ... volta.	Ja, es ist mein ... Mal.
seconda/terza/quarta	zweites/drittes/viertes
Sì, tanti anni fa.	Ja, vor vielen Jahren.

Unterwegs in Italien

Das richtige Ticket

Alle Fahrkarten müssen normalerweise vor Fahrtantritt an einem Automaten entwertet werden. Im Zweifel fragt man am besten: *Devo timbrare/obliterare il biglietto?* (Muss ich die Fahrkarte abstempeln/entwerten?) Na dann kann ja nichts mehr schiefgehen, nicht wahr? Doch Vorsicht, Streiks sind im Nahverkehrsbereich häufig! Man sollte sich also besser vorher erkundigen.

Lo sapevate?

Seit einigen Jahren stehen in vielen Städten auch Mieträder an Terminals zur Verfügung, für deren Anmietung man in der Regel eine Kreditkarte braucht (z. B. www.bikemi.com).

Calcio!

Wie in vielen Ländern ist auch in Italien Fußball – *il calcio* – ein beliebtes Gesprächsthema, und das nicht nur unter Männern. Wer die italienische Serie A (= 1. Bundesliga) verfolgt, mag dennoch im Gespräch mit Einheimischen nicht immer verstanden werden, denn die bei uns gängigen Namen der Mannschaften lauten in Italien umgangssprachlich oftmals anders. So heißt der *A.C. Milan* meist nur *il Milan*, *Inter-Mailand* ist *l'Inter*, *Juventus Turin* einfach *la Juve* und ansonsten sagt man ganz pragmatisch den Namen der Stadt, z. B. *la Roma*, *il Napoli* oder *il Torino*.

Liguria – Meer und Gastronomie

Da non perdere! – Sehenswertes
Wer hat nicht schon von den weltberühmten Badeorten *San Remo*, *Rapallo* oder *Portofino* an Italiens *Riviera* gehört? Sie bilden nur eine der vielen Attraktionen Liguriens, der Küstenregion im Nordwesten des Landes. Zwar kommen die meisten Touristen speziell des Strandurlaubs wegen, aber auch die Hauptstadt Genua ist äußerst facettenreich. Wir empfehlen einen Spaziergang entlang der *Strade Nuove* mit ihren zahlreichen *palazzi* sowie das Viertel *Righi*, das man mit der über 100 Jahre alten *Funicolare Zecca Righi* erreicht und von wo aus man einen herrlichen Blick über die Stadt genießt.

Buon appetito! – Regionale Spezialitäten
Die Gerichte der ligurischen Küche zeichnen sich durch ihre Einfachheit aus und werden mit zahlreichen Kräutern wie Rosmarin und Thymian gewürzt. Das bekannteste regionale Produkt ist das Olivenöl (aus der *taggiasca*-Olive), das die Basis der meisten Gerichte bildet. Zu den wichtigsten Spezialitäten zählen neben den verschiedenen Fischgerichten die *focaccia* (ein Fladenbrot), die *farinata* (ein Kuchen aus Kichererbsen), *pansoti* (vegetarisch gefüllte Teigtaschen) und natürlich das berühmte *pesto* (eine Basilikumsauce mit zerstoßenen Pinienkernen).

Per esperti – Geheimtipps
Nun, als Geheimtipp kann man den etwa zwölf Kilometer langen, *Cinque Terre* genannten Küstenstreifen an der Ligurischen Riviera nicht mehr bezeichnen, denn gerade in den Sommermonaten ergießen sich tagtäglich Ströme von Touristen durch die kleinen Ortschaften. Doch wer diese Region fernab vom Trubel erkunden möchte, der sollte den Wanderweg *Via dell'Amore* begehen, der die malerischen Dörfer *Riomaggiore* und *Manarola* entlang der Küste verbindet. Ab *Manarola* führt er als schmaler Pfad weiter durch die Wein- und Olivenhänge über *Corniglia* und *Vernazza* nach *Monterosso*.

Einkaufen – Fare spese

11

Bringen Sie Farbe in Ihr Italienisch!

Einen Spaziergang über einen bunten Markt sollte man sich in Italien auf keinen Fall entgehen lassen. Schauen Sie sich das Foto an. Welche der folgenden Farben erkennen Sie darauf?

1. bianco
2. giallo
3. blu
4. nero
5. verde
6. rosso

- **Was Sie in dieser Lektion lernen:**
- wie man auf dem Markt Obst und Gemüse kauft.
- wie man Kleidung kauft, sich nach der Größe erkundigt und fragt, ob man etwas anprobieren kann.

Agricoltura italiana

Die Landwirtschaft spielt in Italien volkswirtschaftlich nur noch eine geringe Rolle (ca. 2 % des BIP). Bedeutend ist der Weinbau, da das Land mit ca. 47 Millionen Hektolitern pro Jahr nach Frankreich der zweitgrößte Weinproduzent der Welt ist.

Auf dem Markt

Vorrei ...
Ich hätte gerne ...

delle mele
Äpfel

delle pesche
Pfirsiche

dell'uva (meist in der Einzahl!)
Trauben

delle arance
Orangen

un melone
eine (Honig-)Melone

un'anguria
eine Wassermelone

Preisangaben

Quanto costa il melone?
Was kostet die Melone?

Quanto costano le pesche?
Was kosten die Pfirsiche?

tre euro al chilo
drei Euro das Kilo

Weitere Mengenangaben

un etto di salame
hundert Gramm Salami

una fetta di torta
ein Stück Kuchen

un pacco di pasta
ein Päckchen Nudeln

una scatoletta di tonno
eine Dose Thunfisch

una bottiglia d'acqua
eine Flasche Wasser

un barattolo di marmellata
ein Glas Marmelade

un vasetto di yogurt
ein Becher Joghurt

Vorrei un chilo di pomodori.

Hören Sie sich den folgenden Dialog an. ▶ 62

- A chi tocca?
- A me. Vorrei un chilo di pomodori.
- Questi vanno bene? ... Ecco a Lei. Altro?
- Sì, dei peperoni e un po' d'insalata, per favore.
- I peperoni come li vuole? Rossi o gialli?
- Rossi. Ne prendo cinque ... Ha anche del formaggio?
- Certo. Lo preferisce fresco o stagionato?
- Stagionato, magari del pecorino ...
- Allora un bel pezzo di pecorino stagionato ... Va bene così?
- Un po' di più ... ecco, così va bene.
- Ecco a Lei. Altro?
- No, basta così, grazie. Quant'è?
- Sono quindici euro.

Worauf es ankommt

Mengenangaben

Die wichtigsten sind: un chilo di patate *(ein Kilo Kartoffeln)*, mezzo chilo di pomodori *(ein halbes Kilo Tomaten)*, un litro di latte *(ein Liter Milch)*, mezzo litro di vino *(ein halber Liter Wein)*, un pezzo di formaggio *(ein Stück Käse)*, un po' di pecorino *(ein bisschen Pecorino)*

Einkaufsvokabular

Der Verkäufer fragt gewöhnlich: Va bene così? *(Ist das recht so?)* oder Basta così? *(Reicht das?)* Als Antwort passen: Va bene. *(Das reicht.)*, Di più. *(Mehr.)* oder Di meno. *(Weniger.)*
Andere wichtige Wendungen sind: È troppo caro. *(Das ist zu teuer.)*, (Vuole) altro? *(Darf's sonst noch etwas sein?)* Sì, ... *(Ja, ...)*, Basta così, grazie. oder È tutto, grazie. *(Das ist alles, danke.)*

Ein bisschen Grammatik

Das Wörtchen ne *(davon)* wird in vielen Ausdrücken verwendet: Quanto/-a ne vuole? *(Wie viel möchten Sie davon?)* – Ne voglio un chilo. *(Ich möchte ein Kilo davon.)* oder Quanti/-e ne volete? *(Wie viele möchtet ihr davon?)* – Ne vogliamo cinque. *(Wir möchten davon fünf.)*

Übungen

11A

1 Verständnis und Aussprache

Sie verstehen diese Sätze, nicht wahr? Dann sprechen Sie sie bitte nach! ▶ 63

1. Vorrei un chilo di arance, per favore.
2. Queste vanno bene? Ecco a Lei. Altro?
3. Sì, delle pesche e del pecorino.
4. Certo. Allora un bel pezzo di pecorino.
5. E ecco le pesche. Va bene così?
6. Basta così, grazie. Quant'è?

2 Topf und Deckel

Hier passt nur eine Antwort zu einer Frage. Wissen Sie, welche?

1. A chi tocca?
   a. Sì, esatto!
   b. A me.
2. Basta così?
   a. Sì va bene.
   b. Rossi.
3. Quant'è?
   a. È troppo caro!
   b. Sono dodici euro.

3 Kurz mal was einkaufen

Setzen Sie die Wörter 1–6 in den Beispielsatz ein. Die Ausdrücke **grammi** (Gramm) und **mezzo chilo** (halbes Kilo) machen Ihnen wohl keine Probleme, oder?

Prendo **un chilo** di **mele**, per favore.

1. un chilo – mele
2. 400 grammi – pesche
3. mezzo chilo – arance
4. due chili – pomodori
5. tre chili – patate
6. 200 grammi – formaggio

4 Bitte einsetzen

Setzen Sie die Mengenangaben und die dazugehörigen Waren in den Beispielsatz ein. Nur eine Kombination macht jeweils Sinn.

Vorrei ..., per favore.

1. un etto di	a. acqua
2. una fetta di	b. torta
3. un pacco di	c. tonno
4. una scatoletta di	d. salame
5. una bottiglia d'	e. marmellata
6. un barattolo di	f. pasta

Kleidungsstücke
i pantaloni
die Hose
i jeans
die Jeans
la giacca
die Jacke/das Sakko
la camicia
das Hemd
la maglietta
das T-Shirt
il maglione
der Pullover
le calze
die Socken
le scarpe
die Schuhe
la sciarpa
der Schal
i guanti
die Handschuhe
il foulard
das Hals-/Kopftuch
la gonna
der Rock
il vestito
das Kleid
la cravatta
die Krawatte

Im Laden
Posso aiutarLa?
Kann ich Ihnen helfen?
Do solo un'occhiata, grazie.
Ich schaue nur, danke.
Scusi, dov'è il camerino?
Wo sind bitte die Umkleidekabinen?
Come Le sta/stanno?
Wie steht/stehen es/sie Ihnen?

Avete una taglia più grande?

Hören Sie sich den folgenden Dialog an. ▶ 64

- Buongiorno, posso aiutarLa?
- Sì, vorrei vedere quel vestito in vetrina.
- Quello verde a fiori?
- Sì, esatto. Avete la 46?
- Certo, un attimo solo ... Ecco, se vuole provarlo il camerino è lì.

...

- Allora, come Le sta?
- Mah, mi sembra un po' stretto ... Che ne pensa? Magari avete una taglia più grande?
- Ma no! Secondo me è perfetto così ... Le sta benissimo ...
- Dice? E va bene, allora lo prendo. E mi servono anche un paio di scarpe, eleganti, con il tacco ...
- Che numero porta?
- Ho il 39 ... E poi vorrei vedere anche una borsa, una cintura, un ...

Worauf es ankommt

Haben Sie ...?
Man fragt: Avete ...? *(Haben Sie ...?)* oder, falls man bereits weiß, was man möchte: Vorrei provare questo/questa/questi/queste ... *(Ich würde gerne diesen/diese/dieses ... anprobieren.)*, z. B. Belli questi pantaloni, posso provarli? *(Schön diese Hose, kann ich sie anprobieren?)*

Größe
Kleidung: Che taglia porta? Schuhe: Che numero porta? *(Welche Größe haben Sie?)* Die Antwort lautet entsprechend für Kleidung: (Porto) la 42. *(Ich habe 42.)* bzw. für Schuhe: (Porto) il 37. *(Ich habe 37.)* Passt etwas nicht so ganz, sagt man: È un po' stretto/largo/lungo/corto/grande/piccolo. *(Es ist etwas zu eng/weit/lang/kurz/groß/klein.)*

Ein bisschen Grammatik

Es gibt im Italienischen zwei hinweisende Fürwörter: questo/-a/-i/-e *(dieser)* und quello/-a/-i/-e *(dieser dort, jener)*. Vorsicht: quello wird vor einem männlichen Hauptwort zu quel.

Übungen

11B

1 Verständnis und Aussprache

Bitte sprechen Sie die folgenden Sätze nach. ▶ 65

1. Buongiorno, posso aiutarLa?
2. Sì, vorrei provare questo vestito.
3. Certo, che taglia porta?
4. La 44. Scusi, dov'è il camerino?
5. È lì. Allora, come Le sta?
6. Secondo me è un po' stretto.

2 Setzen Sie's ein

Entscheiden Sie, ob hier jeweils questo, questa, questi oder queste eingesetzt werden muss.

1. Quanto costa ____________ borsa?
2. Come Le sta ____________ vestito?
3. Non mi piacciono ____________ calze.
4. ____________ jeans sono troppo stretti.

3 Hören und verstehen

Hören Sie sich diesen Text an und beantworten Sie die Fragen bzw. ergänzen Sie die Sätze. ▶ 66

Di che colore? = In welcher Farbe?

1. Giulia vuole vedere ... a. una camicia. b. una giacca.
2. Di che colore? a. Verde. b. Giallo.
3. Che taglia porta? a. Porta la 44. b. Porta la 46.
4. Ma è un po' ... a. stretta. b. larga.

4 Welche Antwort passt?

Hier passt nur eine Antwort pro Frage. Wissen Sie, welche?

1. Posso provarlo? a. Scusi, signora. b. Certo, signora.
2. Dov'è il camerino? a. Qui in fondo. b. È molto grande.
3. Che ne pensa? a. Buongiorno. b Le sta benissimo.
4. Posso aiutarLa? a. Sì, vorrei provare questo. b. Ho il 37.

Das Wichtigste auf einen Blick

Allgemeines ▶ 67

Un attimo solo.
Nur einen Moment.

Mi sembra ...
Mir scheint ...

Secondo me ...
Meiner Meinung nach ...

Dice?
Meinen Sie? / Wirklich?

Che ne dice di ...?
Was sagen Sie zu ...?

Farben

rosso rot	marrone braun
verde grün	bianco weiß
giallo gelb	nero schwarz
blu blau	grigio grau
azzurro himmelblau	lilla lila

Auf dem Markt

A chi tocca?	Wer ist an der Reihe?
Vorrei ...	Ich hätte gerne ...
Quanto costa il melone?	Was kostet die Melone?
Quanto costano le pesche?	Was kosten die Pfirsiche?
Tre euro al chilo.	Drei Euro das Kilo.
Va bene così?	Ist das recht so? / Darf's sonst noch etwas sein?
Basta così?	Ist das recht so? / Darf's sonst noch etwas sein?
Va bene.	Das reicht.
Un po' di più/di meno.	Etwas mehr/weniger.
È troppo caro.	Das ist zu teuer.
(Vuole) altro?	Darf's sonst noch etwas sein?
Basta così, grazie.	Das ist alles, danke.
È tutto.	Das ist alles.

Im Laden

Posso aiutarLa?	Kann ich Ihnen helfen?
Do solo un'occhiata, grazie.	Ich schaue nur, danke.
Avete ...?	Haben Sie ...?
Vorrei provare ...	Ich würde gerne ... anprobieren.
Che taglia porta?	Welche Größe haben Sie? *(Kleidung)*
Che numero porta?	Welche Größe haben Sie? *(Schuhe)*
Porto la 42.	Ich habe 42. *(Kleidung)*
Porto il 37.	Ich habe 37. *(Schuhe)*
È un po' ...	Es ist etwas zu ...
stretto/largo	eng/weit
lungo/corto	lang/kurz
grande/piccolo	groß/klein
Scusi, dov'è il camerino?	Wo sind bitte die Umkleidekabinen?
Come Le sta/stanno?	Wie steht/stehen es/sie Ihnen?

In der Buchhandlung

Avete dei libri in tedesco?	Haben Sie Bücher auf Deutsch?
Cerco ...	Ich suche ...
un libro di cucina	ein Kochbuch
un giallo	einen Krimi
una guida turistica	einen Reiseführer
una carta dei sentieri	eine Wanderkarte
un libro su ...	ein Buch über ...
È possibile ordinare un libro?	Kann man ein Buch bestellen?

Kleidung, Mode & Co.

11

Moda italiana
Wer denkt bei Italien nicht auch gleich an Mode? Kein Wunder, sind doch hier viele der ganz großen Couturiers unseres Planeten zu Hause.
Wussten Sie, dass sich die italienischen Konfektionsgrößen für Damen von denen in Deutschland, Österreich und der Schweiz unterscheiden? Um Ihre italienische Größe zu finden, müssen Sie einfach zu Ihrer Größe 4 addieren, sprich: 40 bei uns ist in Italien 44.

Lo sapevate?
Auch in *Bella Italia* legt man immer mehr Wert auf gesunde Lebensmittel, wobei besonders regionale Produkte gefördert werden. Als Vorreiter dieser „Gastrophilosophie" wurde 1989 in Italien die mittlerweile international agierende Non-Profit-Organisation *Slow Food* gegründet. *Slow Food* versucht, ein natürliches Gegengewicht zum Fast Food zu schaffen, wobei auch verhindert werden soll, dass regionale Esstraditionen in Vergessenheit geraten. Vielerorts am Stiefel finden sich heute Märkte und Lebensmittelgeschäfte, die nach dem Motto *Chilometro Zero* (Kilometer Null) nur Produkte aus der näheren Umgebung verkaufen und somit auch als Fundgrube für originelle kulinarische Mitbringsel perfekt geeignet sind.

Geschäfte

il panificio/il panettiere	die Bäckerei/der Bäcker
la salumeria/il salumiere	das Wurstgeschäft/der Wurstmetzger
la macelleria/il macellaio	die Fleischerei/der Fleischer
il negozio di frutta e verdura/il fruttivendolo	das Obst- und Gemüsegeschäft/der Obsthändler
il negozio di alimentari	das Lebensmittelgeschäft
la tabaccheria/il tabaccaio	das Tabakgeschäft/der Tabakhändler
l'edicola/il giornalaio	der Zeitungskiosk/der Zeitschriftenhändler
il supermercato	der Supermarkt

Piemonte a Valle d'Aosta – Willkommen in den Alpen!

Da non perdere! – Sehenswertes
Touristen zieht es im Piemont v. a. an den *Lago Maggiore* oder zum Wandern in die Alpen, immerhin heißt *Piemonte* „am Fuß der Berge". Profis machen sich auf, den 55-tägigen Weitwanderweg *Grande Traversata delle Alpi (GTA)* und die *Via Alpina* zu begehen. Daneben gibt es viele Rundwege um bekannte Gipfel wie der *Giro di Viso* und der *Giro del Marguares*, außerdem Wanderwege, die bestimmte Talregionen erschließen wie die *Percorsi Occitani* im *Maira*-Tal und die *Alta Via* im *Susa*-Tal.

Buon appetito! – Regionale Spezialitäten
Im Piemont gedeihen die berühmten Weinsorten *Barolo*, *Barbera* und *Barbaresco*, außerdem finden sich hier die in ganz Italien beliebten Trüffelsorten, wie z. B. die aus *Alba* in der Provinz *Cuneo*. Die *piemontesi* lieben Reisgerichte wie *risotto al barolo* (Reis in Rotwein) oder *risotto ai porcini* (Reis mit Steinpilzen), aber auch Fleisch- bzw. Fischgerichte wie das weltberühmte *vitello tonnato* (Kalbfleisch in Thunfischsauce) kommen aus dieser Region. Und als Nachtisch? Nicht nur süße Zungen sollten sich auf keinen Fall die *zabaione* (Weinschaumcreme) entgehen lassen!

Per esperti – Geheimtipps
Besonders ursprünglich ist das *Valle d'Aosta*, eine autonome Region mit Sonderstatut nordwestlich des Piemont. Hier befindet sich der nördliche Teil des eindrucksvollen Nationalparks *Gran Paradiso*, der noch unberührte Natur bietet, wie sie sonst kaum mehr in Italien zu finden ist. Genug der Berge? Wer z. B. das Hügelland im Südosten des Piemont mit den Landstrichen *Monferrato*, *Langhe* und *Roero* besucht, wird erstaunt sein über die Schönheit dieser in erster Linie landwirtschaftlich genutzten Gegend.

12

Gesundheitsprobleme – Problemi di salute

Wo drückt's denn?

Wer Schmerzen hat, sollte in der Lage sein zu beschreiben, wo genau es wehtut. Sehen Sie sich die folgenden Wörter an und ordnen Sie sie ihren deutschen Entsprechungen zu.

1. la testa
2. il piede
3. la gamba
4. il braccio
5. la mano
6. la pancia
7. il petto
8. la schiena

a. der Arm, b. der Bauch, c. das Bein, d. die Brust, e. der Fuß, f. die Hand, g. der Kopf, h. der Rücken

Was Sie in dieser Lektion lernen:

- wie man in einer Apotheke Medikamente kauft.
- wie man sagt, was einem passiert ist und wo es einem wehtut.
- wie man sagt, dass man versichert ist.

SSN (Servizio Sanitario Nazionale)

Das italienische Gesundheitssystem **SSN** ist steuerfinanziert. So gut wie alle Bürger sind dort versichert. Wer zu einem Facharzt (oder zu einem Zahnarzt) geht, muss dies aus eigener Tasche bezahlen, da die gesetzliche Versicherung nur Krankenhaus- und Hausärzte abdeckt.

In der Apotheke

la farmacia
die Apotheke

il/la farmacista
der/die Apotheker/in

Vorrei ...
Ich hätte gerne ...

un sonnifero
ein Schlafmittel

un antidolorifico
ein Schmerzmittel

Ha la ricetta?
Haben Sie ein Rezept?

Ho ...
Ich habe ...

mal di denti
Zahnschmerzen

mal di testa
Kopfschmerzen

mal di pancia
Bauchschmerzen

mal di schiena
Rückenschmerzen

mal di gola
Halsschmerzen

il raffreddore
eine Erkältung

la febbre
Fieber

la diarrea
Durchfall

l'influenza
Grippe

la pressione alta/bassa
hohen/niedrigen Blutdruck

la nausea
mir ist übel

mi gira la testa
mir dreht sich der Kopf

Che sintomi ha esattamente?

Hören Sie sich den folgenden Dialog an. ▶ 68

- ● Salve, mi dica.
- ■ Vorrei una confezione di aspirina®, per favore ... e anche qualcosa contro la nausea.
- ● Sì, certo ... Ma che sintomi ha esattamente?
- ■ Mi gira la testa, ho la nausea – e penso di avere anche un po' di febbre ...
- ● Ha mangiato qualcosa di strano oggi?
- ■ No no, solo un piatto di carbonara e un bicchiere di vino. Poi ho preso il sole in spiaggia tutto il pomeriggio ... Insomma, niente di speciale.
- ● Mah, probabilmente ha preso un colpo di sole. Le do questo medicinale: lo prenda tre volte al giorno. E soprattutto deve bere molta acqua e riposare. E mi raccomando, per un paio di giorni niente sole e niente alcol!

Worauf es ankommt

Welche Symptome?
Man sagt: Mi fa male ... *(Mir tut ... weh.)*, z. B. in Kombination mit la testa *(der Kopf)*, il petto *(die Brust)*, la schiena *(der Rücken)*, il braccio *(der Arm)*, il ginocchio *(das Knie)*, il piede *(der Fuß)*, la caviglia *(der Knöchel)* oder einfach qui *(hier)*.

Der Apotheker sagt
Meistens hört man: Probabilmente ... *(Wahrscheinlich ...)* ha ... *(haben Sie ...)*
Anleitungen zur Einnahme von Medikamenten: Lo/La prenda ... volte al giorno. *(Nehmen Sie ihn/sie/es ... Mal am Tag.)* prima dei pasti *(vor dem Essen)* oder dopo i pasti *(nach dem Essen)*.

Ein bisschen Grammatik

In Lektion 9 (Seite 74) haben Sie das Partizip der Vergangenheit kennengelernt. In Verbindung mit den Verben avere *(haben)* und essere *(sein)* bildet man die zusammengesetzte Vergangenheit:

mangiare *(essen)* → ho mangiato *(ich habe gegessen)*
digitare *(wählen)* → Lei ha digitato *(Sie haben gewählt)*

Vorsicht Ausnahme!
prendere *(nehmen)* → ho preso *(ich habe genommen)*

Übungen

1 Verständnis und Aussprache

Lesen und hören Sie die folgenden Sätze und sprechen Sie sie bitte nach! ▶ 69

il calmante = das Beruhigungsmittel

1. Salve, vorrei un calmante, per favore.
2. E anche qualcosa contro il mal di testa.
3. Ma mi dica, che sintomi ha esattamente?
4. Ho mal di pancia e mi gira la testa.
5. Ha mangiato qualcosa di strano oggi?
6. Probabilmente ha preso un colpo di sole.

2 Bitte vervollständigen

Können Sie diesen Dialog mit den angegebenen Wörtern vervollständigen?

testa – medicinale – febbre – sintomi – volte – aspirina®

1. Buongiorno, vorrei una confezione di ________ .
2. Ecco qui, ma che ________ ha?
3. Mi fa male la ________ .
4. E penso di avere un po' di ________ .
5. Allora Le do questo ________ .
6. Lo prenda tre ________ al giorno.

3 Bitte alle Wehwehchen aufzählen

Spielen Sie selbst den Kurzdialog nach dem Muster durch.

Che sintomi ha? – Mi fa male **la testa**.

1. la testa
2. il braccio
3. la schiena
4. il ginocchio
5. il piede
6. il petto

4 Passende Formulierungen

Lesen Sie den Dialog noch einmal und finden Sie die passenden Formulierungen für die folgenden Situationen.

1. sagen, dass sich einem der Kopf dreht
2. fragen, welche Symptome jemand hat
3. sagen, dass man ausruhen soll
4. fragen, ob jemand etwas Ungewöhnliches gegessen hat
5. sagen, dass jemand einen Sonnenstich hat

Mi fa male la caviglia.

Hören Sie sich den folgenden Dialog an. 70

▲ Buongiorno signora, si accomodi pure, il dottore La riceve subito.
■ Grazie. Solo una domanda: la mia assicurazione sanitaria tedesca è valida anche in Italia, vero?
▲ Certo! Ah, ecco, il dottore è libero. Prego ...

■ Buongiorno, Dottore.
● Buongiorno, si accomodi. Mi dica.
■ Dunque, ieri sono andata a camminare in montagna e quando sono tornata ... Non so, oggi mi fa male la caviglia, è tutta gonfia e non riesco a camminare.
● Mh, vediamo. Si stenda sul lettino. Dove Le fa male? Qui?
■ Ahi ahi! Sì, proprio lì. Cosa dice, è rotta?
● No no, non penso. Facciamo una radiografia per controllare, ma di sicuro non è grave.
■ Speriamo! Sa, sono venuta apposta in Italia per andare sui Monti Sibillini ...
● Probabilmente è solo uno stiramento. Intanto Le prescrivo una pomata e un antidolorifico ...

Worauf es ankommt

Der Arzt fragt
Cosa si sente? *(Wie fühlen Sie sich?)*, Cosa ha mangiato? *(Was haben Sie gegessen?)* oder Com'è successo? *(Wie ist das passiert?)*

Der Arzt rät
Deve ... *(Sie müssen ...)* mangiare leggero *(leicht essen)*, stare a riposo/riposare *(sich ausruhen)*, dormire molto *(viel schlafen)*.

Ein bisschen Grammatik

Die zusammengesetzte Vergangenheit von Verben der Bewegung – aber auch von einigen anderen Verben – wird in der Regel mit essere *(sein)* gebildet. Wenn Sie sich am Deutschen orientieren, liegen Sie meist richtig:

andare *(gehen)* → sono andato/-a *(ich bin gegangen)*
venire *(kommen)* → sono venuto/-a *(ich bin gekommen)*
succedere *(geschehen)* → è successo *(es ist geschehen)*

Beim Arzt

il dottore
der Arzt

la dottoressa
die Ärztin

il/la dentista
der Zahnarzt/die Zahnärztin

l'ospedale
das Krankenhaus

l'infermiere/-a
der/die Krankenpfleger/-schwester

Dove Le fa male?
Wo tut es Ihnen weh?

Mi fa/fanno male ...
Mir tut/tun ... weh.

la caviglia
der Knöchel

la mano
die Hand

i denti
die Zähne

Beschwerden

Bisogna ...
Es ist notwendig ... zu ...

ingessare
eingipsen

operare
operieren

fare delle analisi
Untersuchungen machen

La gamba è rotta.
Das Bein ist gebrochen.

È uno stiramento.
Es ist eine Zerrung.

Le faccio una ricetta.
Ich geben Ihnen ein Rezept.

Le prescrivo ...
Ich verschreibe Ihnen ...

(Non) è grave.
Es ist (nicht) schlimm.

Non è niente di grave.
Es ist nichts Schlimmes.

Übungen

12B

1 Verständnis und Aussprache

Haben Sie den Dialog verstanden? Dann macht es sicher keine Probleme, diese Sätze nachzusprechen, *vero*? ▶ 71

1. Il dentista La riceve subito.
2. La Sua assicurazione sanitaria è valida.
3. Forse la mia gamba è rotta.
4. Facciamo una radiografia per controllare.
5. Le prescrivo solo un antidolorifico.

2 Hören und verstehen

Bitte achten Sie in diesem Text erneut genau auf alle Informationen und beantworten Sie die Fragen bzw. ergänzen Sie die Aussagen. ▶ 72

1. A Paolo fa male ... a. la testa
   b. la gamba
2. Cosa ha mangiato? a. Degli spaghetti al pesto.
   b. Degli spaghetti alle vongole.
3. Paolo deve ... a. mangiare leggero
   b. dormire molto

3 In die Vergangenheit

Setzen Sie jeweils die Verben in Klammern in die zusammengesetzte Vergangenheit – z. B. (lui) ... (venire) → lui è venuto.

1. (Lui) ________________ (venire) in Italia per andare sui Monti Sibillini.
2. (Tu) ____________ già ________________ (installare) Skype™, vero?
3. (Io) ________________ (digitare) questo numero, ma non funziona.
4. (Lei) ________________ (andare) a Roma per quanti giorni?
5. (Noi) ________________ (inserire) la carta di credito.
6. (Loro) ________________ (bloccare) la vostra carta di credito.

4 Bitte zuordnen

Ordnen Sie jeder Frage eine logische Antwort zu.

1. Come si sente? a. Sì, eccola.
2. Dove Le fa male? b. Mi sento molto male.
3. Cosa ha mangiato? c. No, non penso.
4. Com'è successo? d. Qui dottore.
5. La gamba è rotta? e. Degli spaghetti.
6. Ha la ricetta? f. Ho preso molto sole.

Das Wichtigste auf einen Blick

Allgemeines ▶ 73

esattamente
genau

Penso di ...
Ich denke, dass ...

insomma
also, wie auch immer

niente di speciale
nichts Besonderes

probabilmente
wahrscheinlich

Mi raccomando ...
Ich bitte Sie ... / Ich lege Ihnen ... ans Herz.

sopratutto
vor allem

Si accomodi!
Machen Sie es sich bequem!

pure
auch, doch, ruhig

Solo una domanda.
Nur eine Frage.

Speriamo!
Hoffen wir es!

intanto
inzwischen

In der Apotheke

la farmacia	die Apotheke
il/la farmacista	der/die Apotheker/in
Vorrei ...	Ich hätte gerne ...
una confezione di aspirina®	eine Packung Aspirin®
un sonnifero	ein Schlafmittel
un calmante	ein Beruhigungsmittel
un antidolorifico	ein Schmerzmittel
Ha la ricetta?	Haben Sie ein Rezept?
Ho ...	Ich habe ...
mal di denti	Zahnschmerzen
mal di testa	Kopfschmerzen
mal di pancia	Bauchschmerzen
mal di schiena	Rückenschmerzen
mal di gola	Halsschmerzen
il raffreddore	eine Erkältung
la febbre	Fieber
la diarrea	Durchfall
l'influenza	Grippe
l'allergia	eine Allergie
la pressione alta/bassa	hohen/niedrigen Blutdruck
la nausea	Mir ist übel.
Mi gira la testa.	Mir dreht sich der Kopf.

Beim Arzt

La gamba è rotta.	Das Bein ist gebrochen.
È uno stiramento.	Es ist eine Zerrung.
Le prescrivo ...	Ich verschreibe Ihnen ...
(Non) è grave.	Es ist (nicht) schlimm.

Weitere Beschwerden

Ho preso molto sole.	Ich habe viel Sonne abbekommen.
Mi ha punto ...	Mich hat ... gestochen.
una zanzara	eine Stechmücke
una vespa/un riccio di mare	eine Wespe/ein Seeigel
Mi ha morso ...	Mich hat ... gebissen.
un cane	ein Hund
un serpente	eine Schlange
Sono caduto/-a.	Ich bin gefallen.
Mi sono scottato/-a.	Ich habe mich verbrannt.

Gesundheit

Lo sapevate?
Krank im Urlaub? Lieber nicht, doch im Fall der Fälle gilt: Mit der Europäischen Krankenversicherungskarte (EHIC) können gesetzlich Krankenversicherte europaweit unmittelbar erforderliche medizinische Versorgung in Anspruch nehmen. Die Karte gilt in allen Ländern der EU und für in Deutschland und Österreich gesetzlich Versicherte ist sie kostenlos bei der Kasse zu erhalten. Die Vorlage der Karte genügt, um bei Unfall oder akuter Erkrankung behandelt zu werden. Gegebenenfalls kann es von Vorteil sein, eine Auslandsreisekrankenversicherung abzuschließen, insbesondere hinsichtlich des Rücktransports im Krankheitsfall.

Wohin im Notfall?
Apotheken sind in Italien in der Regel zahlreich und leicht zu finden. Außerhalb der regulären Öffnungszeiten (meist Mo–Sa 8.30–13.30 und 16.30–20 Uhr) sind diensthabende Apotheken – *farmacia di turno* – den Aushängen an den Apotheken zu entnehmen.

In Notfällen begibt man sich am besten in die Erste-Hilfe-Station *(pronto soccorso)* eines Krankenhauses oder – in größeren Touristenorten – in eine *guardia medica turistica*, wo man kostenlos behandelt wird.

E Lei, che cos'ha?
Wundern Sie sich nicht, wenn Sie in Italien beim Arzt im Wartezimmer sitzen und sich die anderen Patienten nach Ihren Leiden erkundigen. Italienern ist es offensichtlich unangenehm, sich über längere Zeit schweigend gegenüberzusitzen. Ob also beim Arzt, in einem Zugabteil oder an der Bushaltestelle, man spricht miteinander. Eine tolle Gelegenheit, um weiterzulernen, finden Sie nicht?

Puglia – Das Tor gen Osten

Da non perdere! – Sehenswertes
Apulien bildet den Absatz des Stiefels. Neben der wunderschönen Halbinsel *Gargano* und dem berühmten *Castel del Monte* ist die Hauptstadt *Bari* besonders sehenswert, die mit etwa 320.000 Einwohnern die unangefochtene Metropole der Region ist. Aber auch der äußerste Südosten mit seinen herrlichen Sand- und Felsstränden sollte auf einer Tour durch Apulien nicht ausgelassen werden. Hervorzuheben sind außerdem die *Trulli* genannten Rundbauten mit ihren an eine Zipfelmütze erinnernden Dächern in *Alberobello*.

Buon appetito! – Regionale Spezialitäten
In den fruchtbaren Küstenebenen gedeihen Mandeln, Oliven, Getreide und Tomaten und die Region gilt als wichtiges Weinbaugebiet mit vorwiegend gehaltvollen Rotweinen wie dem *Primitivo*, *Negroamaro* und *Sangiovese*. Die apulische Küche ist bodenständig und rustikal mit Eintöpfen wie der *tiella di verdure* (im Ofen gegarter Gemüseeintopf) oder der *tiella alla barese* (Eintopf mit Reis und Miesmuscheln). Aber auch exquisite Zutaten gehören zur regionalen Küche, wie z. B. *ostriche* (Austern), die im großen Stil in der Gegend von *Taranto* gezüchtet werden.

Per esperti – Geheimtipps
Besonders reizvoll ist das alljährlich vom 7. bis 9. Mai stattfindende Fest zu Ehren des Stadtapostels *San Nicola* in *Bari*. Sehenswert ist außerdem die kleine Hafenstadt *Otranto* mit der Festung *Castello Aragonese* sowie zahlreichen baulichen Zeugen aus byzantinischer Zeit.

TEST 2

1 Welche Antwort stimmt?

Können Sie sich noch an alle Informationen zur Landeskunde erinnern?
Na dann kreuzen Sie sicher die richtigen Aussagen an.

1. Pastagerichte gelten in Italien als ...
   a. vollwertiges Hauptgericht
   b. leichte Vorspeise
   c. Zwischengang vor Fleisch oder Fisch

2. Italien ist weltweit der zweitgrößte Produzent von ...
   a. Wein
   b. Grappa
   c. Bier

3. Italiener melden sich am Telefon mit ...
   a. Presto!
   b. Pronto!
   c. Ciao!

4. Zum *tabaccaio* geht man u. a., um ... zu kaufen.
   a. Rauchwaren, Fahrkarten und Presse
   b. Fisch, Fleisch, Obst und Gemüse
   c. Medizin in Tablettenform

5. Im Krankheitsfall braucht man in Italien zur Behandlung nur ...
   a. eine zusätzliche private Auslandsversicherung
   b. einen Arzt, der in Deutschland studiert hat
   c. die Europäische Krankenversicherungs-karte (EHIC)

6. In Italien müssen Fahrkarten normalerweise vor Fahrtantritt ... werden
   a. gelocht
   b. entwertet
   c. gescannt

2 Fragen und Antworten

Sicher haben Sie die letzten sechs Lektionen aufmerksam bearbeitet, sodass diese Übung für Sie ein Kinderspiel ist.

1. Dove devo scendere?
2. Cosa avete di dolce?
3. Che numero ha?
4. Dove La porto?
5. Lei cosa consiglia di primo?
6. Bisogna operare?
7. Le piace il calcio?
8. Qual è il prefisso per l'Italia?

a. Al porto, per favore.
b. Vi consiglio le penne all'arrabbiata.
c. È lo zero zero tre nove.
d. Sì, sono un tifoso della Juve.
e. A Roma Termini.
f. Abbiamo tiramisù e sorbetto.
g. No, non è niente di grave.
h. In Germania ho il trentasette.

TEST 2

3 Fit für den „Ernstfall"?

Wiederholen Sie die Gesprächssituationen aus den vergangenen Lektionen, indem Sie selbst mit einem fiktiven Gesprächspartner eine Unterhaltung zu den folgenden Themen führen. Die angegebenen Satzfragmente und Floskeln sollten nur als Richtlinie dienen. Improvisieren ist angesagt!

1. Sie sind in einem Restaurant und haben Hunger.
   - ■ Ecco il menù. Cosa prende?
   - ● Vorrei ... C'è della carne ... ?
   - ■ ... Prende anche un secondo ? ...
   - ● ... E che vino mi consiglia? ...
2. Sie fragen im Hotel, ob es WLAN gibt.
   - ■ Buonasera, c'è ...?
   - ● Certo ...
   - ■ Può darmi ...?
   - ● E' ... Deve scrivere ...
3. Sie sind auf der Bank wegen eines Problems mit Ihrer Kreditkarte.
   - ■ Buongiorno, mi dica.
   - ● Sono un turista ... e ho un problema con la mia tessera. È che ...
   - ■ Mah, allora la Sua banca dovrebbe ...
   - ● Va bene ma che devo fare per riavere la mia tessera? ...
4. Sie erkundigen sich nach der besten Verbindung z. B. zum Flughafen.
   - ■ Scusi, come faccio ad arrivare a ...?
   - ● Prende ... Fa ... fermate e poi prende ...
   - ■ Da lì prendo ...? E dove devo scendere?
   - ● Scende a ... E poi è vicino.
5. Sie kaufen als Selbstversorger Obst und Gemüse auf einem Markt ein.
   - ■ ..., signori! A chi tocca?
   - ● A me. Vorrei un chilo di ... e anche ...
   - ■ Va bene così? Ecco a Lei. Altro?
   - ● ... basta così. Quant'è?
6. Sie haben Beschwerden und suchen die nächste Apotheke auf.
   - ■ Che sintomi ha esattamente?
   - ● Ho ... e mi fa male ...
   - ■ Probabilmente ... Ma mi dica, ha ... oggi?
   - ● No, ma ...

4 Und jetzt noch schnell auf Italienisch!

Gratulation: Sie haben es geschafft und verfügen nun über das nötige „Handwerkszeug", damit Ihr nächster Italienaufenthalt ein voller Erfolg wird. Buon divertimento in Italia! (Viel Spaß in Italien!)

1. Können Sie mir helfen?
2. Guten Appetit!
3. Ist das recht so?
4. Sie haben recht!
5. Bringen Sie mir bitte die Rechnung.
6. Leider nein.
7. Kein Problem.
8. Ist es scharf?

Grammatik im Überblick

Verwendete Abkürzungen:
m = männlich, w = weiblich,
Ez = Einzahl, Mz = Mehrzahl

Die wichtigsten Ausspracheregeln des Italienischen

C

- **C** vor **a**, **o** und **u** sowie vor **Konsonanten** wird wie **k** gesprochen: casa, colore, cultura, club, crema.
- **C** vor **e** und **i** wird wie **tsch** gesprochen: certo, cucina.
- **Ci** vor **a**, **e**, **o** und **u** wird wie **tsch** gesprochen (es sei denn, das **i** ist betont): ciao, cielo (Himmel), ufficio.
- **Ch** vor **e** und **i** wird wie **k** gesprochen: che, chiave.

G

- **G** vor **a**, **o** und **u** sowie vor **Konsonanten** (außer **n** und **l** vor **i**) wird wie **g** gesprochen: gamba, gola, gusto (Geschmack), gloria (Ruhm), grande.
- **G** vor **n** wird wie **nj** gesprochen: gnocchi.
- **Gl vor i** wird wie **lj** (wie **ll** in „brillant") gesprochen: figlio.
- **G** vor **e** und **i** wird wie **dsch** gesprochen: gentile, girare.
- **Gi** vor **a**, **e**, **o** und **u** wird wie **dsch** gesprochen (es sei denn, das **i** ist betont): giallo, valigie, giorno, giugno.
- **Gh** vor **e** und **i** wird wie **g** gesprochen: spaghetti, ghiaccio (Eis).

H

- **H** ist immer stumm: hotel.

Qu

- **Qu** wird im Gegensatz zum Deutschen nicht wie **kw**, sondern wie **k + u** gesprochen: quattro.

S

- **S** ist stimmlos (wie in „fließen") am Wortbeginn, vor stimmlosen Konsonanten und als Doppelkonsonant **ss**: sale, gusto, rosso.
- **S** ist stimmhaft (wie in „Sommer") zwischen Vokalen und vor stimmhaften Konsonanten: casa, sguardo (Blick).
- **Sc** vor **e** und **i** wird wie **sch** gesprochen: ascensore, uscire.
- **Sci** vor **a**, **e**, **o** und **u** wird wie **sch** gesprochen: lasciare (lassen), scienza (Wissenschaft), sciogliere (auswählen), prosciutto.
- **Sch** vor **e** und **i** wird wie **sk** gesprochen: scheda, schiena.

V

- **V** wird wie **w** in „Wasser" gesprochen: vino.

Z

- **Z** wird wie **d + stimmhaftes s** (wie in „Sommer") gesprochen: zero oder wie **t + stimmloses s** (wie in „fließen"): grazie.

Doppelkonsonanten

- Bei **Doppelkonsonanten** wird jeder Konsonant gesprochen (etwa wie im Deutschen „verrückt" oder „Annahme", nicht jedoch wie in „zerren" oder „Pfanne"): anno, pizza, birra.

Vokale

- Unbetonte Vokale (**a**, **e**, **i**, **o** und **u**) werden meist kurz gesprochen, betonte können kurz oder lang sein; **kurz** (meist vor Doppelkonsonanten): città, freddo, cinque, notte, burro; **lang**: casa, cena, finire, dove, duro.
- Vokale können **offen** oder **geschlossen** gesprochen werden, egal ob sie betont oder unbetont sind (**a** ist immer offen!); **offen**: centro, notte, burro; **geschlossen**: cena, funzione, sugo (Pastasauce).
- Bei den Doppelvokalen **ie** und **uo** ist meist der zweite Vokal betont: vieni, buono.
- Bei den anderen Doppelvokalen ist meist der erste Vokal betont, beide Vokale behalten anders als im Deutschen ihren Lautwert: auto, noi.

Betonung

- Die meisten mehrsilbigen Wörter werden auf der zweitletzten Silbe betont, einige auf der drittletzten Silbe. Wörter, die auf der letzten Silbe betont werden, tragen einen Akzent.

Hauptwörter (Substantive)

Geschlecht (Genus)

Anders als im Deutschen werden Hauptwörter im Italienischen nicht gebeugt. Außerdem unterteilt man diese – wie in fast allen anderen romanischen Sprachen – nur in männliche und weibliche Hauptwörter, d. h. ein sächliches Geschlecht gibt es nicht.

Weibliche Hauptwörter enden in der Regel auf -a:

casa	Haus
camera	Zimmer
nonna	Großmutter

Männliche Hauptwörter dagegen enden meist auf -o:

vino	Wein
treno	Zug
nonno	Großvater

Wörter, die auf -e enden, sind entweder männlich:

mare	Meer
sole	Sonne

oder weiblich:

chiave	Schlüssel
notte	Nacht

Dennoch gibt es einige Ausnahmen, und so sind z. B. folgende Hauptwörter weiblich:

mano	Hand
metro	U-Bahn
moto	Motorrad

und diese männlich:

cinema	Kino
problema	Problem
programma	Programm

Im Italienischen kann man aus vielen männlichen Hauptwörtern weibliche machen, indem man die Endung -o durch -a ersetzt:

figlio → figlia	Sohn → Tochter
zio → zia	Onkel → Tante

Mehrzahl (Plural)
Die Mehrzahlbildung ist nicht sonderlich kompliziert. Die Grundregeln lauten: Das -o der männlichen Hauptwörter wird zu -i, das -a der weiblichen zu -e und das -e der männlichen oder weiblichen Hauptwörter wird zu -i:

letto → letti	Bett → Betten
sorella → sorelle	Schwester → Schwestern
cliente → clienti	Kunde → Kunden
notte → notti	Nacht → Nacht

Alle Hauptwörter, die auf einen Konsonanten oder einen betonten Selbstlaut enden, sowie Fremdwörter haben keine eigene Mehrzahlform.

bar	Bar, Bars
caffè	Kaffee, Kaffees
città	Stadt, Städte
hotel	Hotel, Hotels

Geschlechtswörter (Artikel)

Wie das Deutsche kennt auch das Italienische bestimmte (der, die) und unbestimmte (ein, eine) Artikel. Man unterscheidet männliche und weibliche Artikel (einen sächlichen Artikel gibt es nicht). Die bestimmten Artikel haben jeweils eine Einzahl- und eine Mehrzahlform.

Der bestimmte Artikel in der Einzahl

il	vor männlichen Hauptwörtern, die mit einem Mitlaut beginnen: **il** bar, **il** vino
lo	vor männlichen Hauptwörtern, die mit gn, ps, s + Mitlaut, x, y oder z beginnen: **lo** gnocco, **lo** psicologo, **lo** studente, **lo** xilofono, **lo** yogurt, **lo** zio
l'	vor männlichen und weiblichen Hauptwörtern, die mit einem Selbstlaut beginnen: **l'**amico, **l'**amica
la	vor weiblichen Hauptwörtern, die mit einem Mitlaut beginnen: **la** casa, **la** signora

Der bestimmte Artikel in der Mehrzahl

i	vor männlichen Hauptwörtern, die mit einem Mitlaut beginnen: **i** bar, **i** vini
gli	vor männlichen Hauptwörtern, die mit gn, ps, s + Mitlaut, x, y oder z beginnen: **gli** gnocchi, **gli** psicologi, **gli** studenti, **gli** xilofoni, **gli** yogurt, **gli** zii
gli	vor männlichen Hauptwörtern, die mit einem Selbstlaut beginnen: **gli** amici, **gli** ingegneri
le	vor weiblichen Hauptwörtern: **le** case, **le** signore, **le** amiche

Unbestimmte Artikel

un	vor männlichen Hauptwörtern, die mit einem Mitlaut oder mit einem Selbstlaut beginnen: **un** bar, **un** amico
uno	vor männlichen Hauptwörtern, die mit gn, ps, s + Mitlaut, x, y oder z beginnen: **uno** gnocco, **uno** psicologo, **uno** studente, **uno** xilofono, **uno** yogurt, **uno** zio
una	vor weiblichen Hauptwörtern, die mit einem Mitlaut beginnen: **una** casa, **una** signora
un'	vor weiblichen Hauptwörtern, die mit einem Selbstlaut beginnen: **un'**amica, **un'**impiegata

Unbestimmte Mengenangaben

Anders als im Deutschen steht im Italienischen bei einer unbestimmten Mengenangabe das Verhältniswort di, das mit dem bestimmten Artikel verschmilzt, also zu del, dello, della, dell', dei, degli, delle wird:

Vorrei del vino.	Ich hätte gerne (etwas) Wein.
Avete anche dei dolci?	Haben Sie auch Süßspeisen?
Vuoi dello zucchero nel tuo caffè?	Möchtest du Zucker in deinen Espresso?

Preferisco mangiare della pasta.	Ich esse lieber Pasta.
Bevo soltanto dell'acqua.	Ich trinke nur Wasser.

Nach Hauptwörtern oder Ausdrücken, die eine bestimmte Menge oder Anzahl bezeichnen, steht das Verhältniswort di ohne Artikel:

una bottiglia di vino	eine Flasche Wein
un bicchiere di limoncello	ein Glas Limoncello
un po' di pane	etwas Brot
un chilo di pomodori	ein Kilo Tomaten

Eigenschaftswörter (Adjektive)

Eigenschaftswörter stehen in der Regel hinter dem Hauptwort, auf das sie sich beziehen, und richten sich in Geschlecht und Zahl nach diesem. Die männliche Form des Eigenschaftswortes endet in der Einzahl meist auf -o, die weibliche Form auf -a, die Mehrzahlformen auf -i bzw. auf -e:

il libro italian**o** → i libri italian**i**	das italienische Buch → die italienischen Bücher
la rosa ross**a** → le rose ross**e**	die rote Rose → die roten Rosen

Einige Eigenschaftswörter enden auf -e. Sie werden gleichermaßen für männliche und weibliche Hauptwörter gebraucht. In der Mehrzahlform enden sie auf -i:

il ragazzo trist**e** → i ragazzi trist**i**	der traurige Junge → die traurigen Jungen
la macchina verd**e** → le macchine verd**i**	das grüne Auto → die grünen Autos

Eine Ausnahme bilden die Eigenschaftswörter bello (hübsch, schön), buono (gut) und grande (groß), die sowohl vor als auch nach dem Hauptwort stehen können. Bei Nachstellung haben sie die üblichen Formen, bei Voranstellung verändern sie sich wie folgt:

un bel ragazzo → dei bei ragazzi	ein hübscher Junge → hübsche Jungen
una bella ragazza → delle belle ragazze	ein schönes Mädchen → schöne Mädchen
un bello spettacolo → dei begli spettacoli	ein schönes Schauspiel → schöne Schauspiele
un bell'hotel → dei begli hotel	ein schönes Hotel → schöne Hotels
una bell'idea → delle belle idee	eine schöne Idee → schöne Ideen
un buon amico → dei buoni amici	ein guter Freund → gute Freunde
un buon dolce → dei buoni dolci	eine gute Süßspeise → gute Süßspeisen
un gran successo → dei grandi successi	ein großer Erfolg → große Erfolge
una gran signora → delle grandi signore	eine große Dame → große Damen

Umstandswörter (Adverbien)

Mit Umstandswörtern kann man ganze Sätze, Verben, Eigenschaftswörter sowie weitere Umstandswörter näher bestimmen. Man unterscheidet selbstständige Umstandswörter (wie „heute", „immer", „jetzt" usw.), Umstandswörter des Grades (wie „sehr", „mehr", „viel" usw.) und von Eigenschaftswörtern abgeleitete Umstandswörter der Art und Weise (wie „schnell", „einfach" usw.). Um diese zu bilden, hängt man an die weibliche Form des Eigenschaftswortes die Endung -mente an:

chiaro → chiaramente	deutlich, klar
normale → normalmente	normalerweise

Te lo dico chiaramente.	Ich sage es dir (ganz) deutlich.

Es gibt zwei wichtige Ausnahmen im Italienischen: Das Umstandswort für buono (gut) ist bene und für cattivo (schlecht) male:

Si mangia bene lì?	Isst man dort gut?
No, si mangia male lì.	Nein, dort isst man schlecht.

Steigern & vergleichen

Bei der Steigerung wird das Eigenschaftswort nicht gebeugt, sondern man verwendet die Wörter più (mehr) bzw. meno (weniger), die beim Komparativ (1. Steigerungsstufe) vor das Eigenschaftswort gestellt werden. Der Superlativ (2. Steigerungsstufe) wird gebildet, indem zusätzlich der bestimmte Artikel vorangestellt wird. Dabei richten sich das Eigenschaftswort und der Artikel in Geschlecht und Zahl nach dem dazugehörigen Hauptwort:

bello → più bello → il più bello	schön → schöner → der schönste
bello → meno bello → il meno bello	schön → weniger schön → der am wenigsten schöne
bella → più bella → la più bella	schön → schöner → die schönste
bella → meno bella → la meno bella	schön → weniger schön → die am wenigsten schöne

Daneben kennt das Italienische den absoluten Superlativ, der einen hohen Grad einer Eigenschaft ausdrückt. Man bildet ihn durch Anhängen der Endung -issimo, -issima, -issimi, -issime an das entsprechende Eigenschaftswort. Bei Umstandswörtern ist die Endung -issimo unveränderlich:

bello → bellissimo	schön → sehr schön, wunderschön
importante → importantissimo	wichtig → sehr/überaus wichtig
tardi → tardissimo	spät → sehr spät

Wichtige unregelmäßige Steigerungsformen sind bei den Eigenschaftswörtern:

buono → migliore → ottimo	gut → besser → sehr gut
cattivo → peggiore → pessimo	schlecht → schlechter → sehr schlecht
grande → maggiore → massimo	groß → größer → sehr groß, (der) größte
piccolo → minore → minimo	klein → kleiner → sehr klein, (der) kleinste

Und bei den Umstandswörtern:

bene → meglio → benissimo	gut → besser → sehr gut
male → peggio → malissimo	schlecht → schlechter → sehr schlecht

Persönliche Fürwörter (Personalpronomen)

Einzahl

io	ich
tu	du
lui	er
lei	sie
Lei	Sie

Mehrzahl

noi	wir
voi	ihr, Sie (Mz/informell)
loro	sie (Mz)
Loro	Sie (Mz/formell)

Generell werden die persönlichen Fürwörter nur zur Betonung der Person verwendet, da diese ja meistens eindeutig aus der Endung des Verbs hervorgeht.

Wem? oder wen?

Im Unterschied zu Hauptwörtern werden die persönlichen Fürwörter auf die Fragen „wem?" oder „wen?" (Objektpronomen) verändert. Die jeweiligen Formen entsprechen dann dem deutschen Dativ (mir, dir, ihm ...) oder Akkusativ (mich, dich, ihn ...).

Die Formen des Wem-Falls (Dativ) sind:

unbetont	betont	
mi	a me	mir
ti	a te	dir
gli, le	a lui, a lei	ihm, ihr
Le	a Lei	Ihnen (Ez)
ci	a noi	uns
vi	a voi	euch, Ihnen (Mz/informell)
gli	a loro, a Loro	ihnen, Ihnen (Mz/formell)

Die Formen des Wen-Falls (Akkusativ) sind:

unbetont	betont	
mi	me	mich
ti	te	dich
lo	lui	ihn
la	lei	sie
La	Lei	Sie (Ez)
ci	noi	uns
vi	voi	euch, Sie (Mz/informell)
li, Li	loro, Loro	sie (m/Mz), Sie (Mz/formell)
le, Le	loro, Loro	sie (w/Mz), Sie (Mz/formell)

Die unbetonten Formen stehen immer unmittelbar vor dem Verb:

Ti mando un libro.	Ich schicke dir ein Buch.
Lo chiamo domani.	Ich rufe ihn morgen an.

Die betonten Formen können vor oder nach dem Verb bzw. mit einem Verhältniswort stehen.

A te piace la pizza? A me no.	Schmeckt dir die Pizza? Mir nicht.
Perché guardi solo me?	Warum siehst du nur mich an?

Pronominaladverbien

Außerdem kennt das Italienische die beiden Pronominaladverbien ci (dort, dorthin) und ne (davon), die sich beide auf etwas vorher Genanntes beziehen:

Amo l'Italia, ci vado ogni estate.	Ich liebe Italien, ich fahre jeden Sommer dorthin.
Mi piace questo prosciutto, ne prendo un etto.	Mir schmeckt dieser Schinken, ich nehme 100 Gramm davon.

Besitzanzeigende Fürwörter (Possessivpronomen)

Besitzanzeigende Fürwörter (Possessivpronomen) werden fast immer in Verbindung mit dem vorangestellten Artikel des Bezugswortes gebraucht – Ausnahme: die Angaben familiärer Beziehungen in der Einzahl, z. B. mio padre (mein Vater), tua madre (deine Mutter), sua sorella (seine Schwester) – und in Geschlecht und Zahl angepasst:

Ez (m)	Ez (w)	Mz (m)	Mz (w)	
il mio	la mia	i miei	le mie	mein
il tuo	la tua	i tuoi	le tue	dein
il suo	la sua	i suoi	le sue	sein, ihr
il Suo	la Sua	i Suoi	le Sue	Ihr (Ez)
il nostro	la nostra	i nostri	le nostre	unser
il vostro	la vostra	i vostri	le vostre	euer, Ihr (Mz/informell)
il loro	la loro	i loro	le loro	ihr (Mz)
il Loro	la Loro	i Loro	le Loro	Ihr (Mz/formell)

il mio bicchiere	mein Glas
la mia macchina	mein Auto

Doch Vorsicht! Auch in der 3. Person wird nur das Geschlecht des Besitztums und nicht des Besitzers definiert, sprich, es gibt für „sein" und „ihr" nur eine Form:

la sua amica	seine Freundin, ihre Freundin

Zwischen Personalpronomen und Hauptwort kann ein Eigenschaftswort stehen:

la tua nuova macchina	dein neues Auto

Lässt man das Hauptwort weg, erhält man die deutschen Formen „der meinige/meiner", „das deinige/deins" etc.

Ecco la mia macchina, dov'è la tua?	Hier ist mein Auto, wo ist deins/das deinige?

Hinweisende Fürwörter (Demonstrativbegleiter & -pronomen)

Die hinweisenden Fürwörter stehen im Italienischen vor dem Hauptwort (Demonstrativbegleiter) oder sie ersetzen dieses (Demonstrativpronomen). Sie richten sich in Geschlecht und Zahl nach dem Hauptwort.

Hier die Demonstrativpronomen im Überblick:

Ez (m)	Ez (w)	Mz (m)	Mz (w)	
questo	questa	questi	queste	dieser (hier)
quello	quella	quelli	quelle	dieser (dort), jener

Questo è nostro e quello è vostro.	Dieser gehört uns und jener euch.
Questa è bella, ma quella è brutta.	Diese ist schön, aber jene ist hässlich.

Wird quello als Demonstrativbegleiter gebraucht, verändern sich seine Formen ähnlich wie die bestimmten Artikel, je nachdem, welches Hauptwort darauf folgt:

quel libro	jenes Buch
quell'amico	jener Freund
quello studente	jener Student
quella casa	jenes Haus
quell'attrice	jene Schauspielerin
quei signori	jene Herren
quegli studenti	jene Studenten
quegli amici	jene Freunde
quelle signore	jene Damen

Questo libro è caro.	Dieses Buch ist teuer.
Questa casa è grande.	Dieses Haus ist groß.
Quei bambini sono malati.	Jene Kinder sind krank.

Tätigkeitswörter (Verben)

sein & haben
Zuerst einmal die beiden wichtigen Verben „sein" und „haben", die unregelmäßig sind.
Da man sie sowohl als Vollverb als auch als Hilfsverb zur Bildung der zusammengesetzten Zeitformen benötigt, kommt man nicht darum herum, sie auswendig zu lernen.

	essere	**sein**
(io)	sono	ich bin
(tu)	sei	du bist
(lui/lei, Lei)	è	er/sie ist, Sie (Ez) sind
(noi)	siamo	wir sind
(voi)	siete	ihr seid, Sie (Mz/informell) sind
(loro/Loro)	sono	sie/Sie (Mz/formell) sind

	avere	**haben**
(io)	ho	ich habe
(tu)	hai	du hast
(lui/lei, Lei)	ha	er/sie hat, Sie (Ez) haben
(noi)	abbiamo	wir haben
(voi)	avete	ihr habt, Sie (Mz/informell) haben
(loro/Loro)	hanno	sie/Sie (Mz/formell) haben

Wie bereits erwähnt, werden die persönlichen Fürwörter nur zur Betonung der Person gebraucht, da die handelnde Person meistens eindeutig aus der Form des Verbs hervorgeht.

Sono stanco.	Ich bin müde.
Sei italiano?	Bist du Italiener?
Abbiamo una macchina.	Wir haben ein Auto.

Regelmäßige Verben
Die italienischen Verben bestehen aus einem Stamm und einer Endung.
In der Grundform (Infinitiv) gibt es die folgenden drei Endungen: -are, -ere und -ire.

parlare	prendere	dormire
sprechen	nehmen	schlafen

Präsens (Gegenwart)
Bei der Beugung im Präsens ersetzt man die Endung der Grundform durch die Endung für die handelnde Person („ich", „du" usw.). Der Stamm bleibt dabei unverändert. Dennoch gilt: Je nach Endung der Grundform werden die Verben unterschiedlich gebeugt, wobei die Unterschiede nicht allzu groß sind. Die Bindestriche in der folgenden Tabelle sollen nur die Beugungsendung hervorheben.

	parl-are	**sprechen**
(io)	parl-o	ich spreche
(tu)	parl-i	du sprichst
(lui/lei, Lei)	parl-a	er/sie spricht, Sie (Ez) sprechen
(noi)	parl-iamo	wir sprechen
(voi)	parl-ate	ihr sprecht, Sie (Mz/informell) sprechen
(loro/Loro)	parl-ano	sie/Sie (Mz/formell) sprechen

	prend-ere	**nehmen**
(io)	prend-o	ich nehme
(tu)	prend-i	du nimmst
(lui/lei, Lei)	prend-e	er/sie nimmt, Sie (Ez) nehmen
(noi)	prend-iamo	wir nehmen
(voi)	prend-ete	ihr nehmt, Sie (Mz/informell) nehmen
(loro/Loro)	prend-ono	sie/Sie (Mz/formell) nehmen

	dorm-ire	**schlafen**
(io)	dorm-o	ich schlafe
(tu)	dorm-i	du schläfst
(lui/lei, Lei)	dorm-e	er/sie schläft, Sie (Ez) schlafen
(noi)	dorm-iamo	wir schlafen
(voi)	dorm-ite	ihr schlaft, Sie (Mz/informell) schlafen
(loro/Loro)	dorm-ono	sie/Sie (Mz/formell) schlafen

Bei einigen Verben, die in der Grundform auf -ire enden, tritt in den meisten Formen (Ausnahme ist die 2. und 3. Person Mehrzahl) eine Stammerweiterung auf -isc- auf, wie z. B. bei capire (verstehen).

	cap-ire	**verstehen**
(io)	cap-isco	ich verstehe
(tu)	cap-isci	du verstehst
(lui/lei, Lei)	cap-isce	er/sie versteht, Sie (Ez) verstehen
(noi)	cap-iamo	wir verstehen
(voi)	cap-ite	ihr versteht, Sie (Mz/informell) verstehen
(loro/Loro)	cap-iscono	sie/Sie (Mz/formell) verstehen

Achtung: Das sc wird in capisco und capiscono wie [sk], dagegen in capisci und capisce wie [sch] gesprochen.

Unregelmäßige Verben

Die meisten italienischen Verben sind regelmäßig, aber es gibt auch einige unregelmäßige Verben, zu denen viele der am häufigsten gebrauchten gehören, wie z. B. auf -are:

	andare (gehen)	**dare** (geben)	**fare** (machen, tun)	**stare** (sein, sich befinden)
(io)	vado	do	faccio	sto
(tu)	vai	dai	fai	stai
(lui/lei, Lei)	va	dà	fa	sta
(noi)	andiamo	diamo	facciamo	stiamo
(voi)	andate	date	fate	state
(loro/Loro)	vanno	danno	fanno	stanno

Auf -ere:

	dovere (müssen)	**potere** (können)	**sapere** (wissen)	**volere** (wollen, möchten)
(io)	devo	posso	so	voglio
(tu)	devi	puoi	sai	vuoi
(lui/lei, Lei)	deve	può	sa	vuole
(noi)	dobbiamo	possiamo	sappiamo	vogliamo
(voi)	dovete	potete	sapete	volete
(loro/Loro)	devono	possono	sanno	vogliono

Und auf -ire:

	dire (sagen)	**uscire** (weggehen)	**venire** (kommen)
(io)	dico	esco	vengo
(tu)	dici	esci	vieni
(lui/lei, Lei)	dice	esce	viene
(noi)	diciamo	usciamo	veniamo
(voi)	dite	uscite	venite
(loro/Loro)	dicono	escono	vengono

Rückbezügliche Tätigkeitswörter (reflexive Verben)

Wie das Deutsche kennt auch das Italienische rückbezügliche Verben („ich wasche mich"), also Verben, bei denen sich das Objekt („mich") auf die handelnde Person („ich") bezieht. Diese haben in der Grundform stets die zusätzliche Endung -si („sich"), außerdem entfällt das -e der Grundformendung, z. B. lavarsi („sich waschen"). Bei der Beugung werden die rückbezüglichen Fürwörter vor das Verb gestellt. Hier die Formen im Überblick:

	lavarsi	**sich waschen**
(io)	mi lavo	ich wasche mich
(tu)	ti lavi	du wäschst dich
(lui/lei, Lei)	si lava	er/sie wäscht sich, Sie (Ez) waschen sich

(noi)	ci laviamo	wir waschen uns
(voi)	vi lavate	ihr wascht euch, Sie (Mz/informell) waschen sich
(loro/Loro)	si lavano	sie/Sie (Mz/formell) waschen sich

Perfekt (Vergangenheit)

Das Italienische kennt mehrere Vergangenheitsformen. Wir beschränken uns hier auf das Perfekt (vollendete Gegenwart), z. B. „ich habe gesprochen", das speziell in Verbindung mit einer Zeitangabe wie oggi (heute), ieri (gestern) oder questa settimana (diese Woche) verwendet wird. Diese Zeit setzt sich zusammen aus einer Form der Hilfsverben avere oder essere und dem Partizip Perfekt. Letzteres wird gebildet, indem man bei den meisten Verben die Grundformendungen -are, -ere und -ire durch die Partizip-Perfekt-Endungen -ato (z. B. parlato „gesprochen"), -uto (z. B. venduto „verkauft") und -ito (z. B. capito „verstanden") ersetzt.

Das Hilfsverb essere wird u. a. bei reflexiven Verben, Verben der Bewegung und Verben, die einen Zustand ausdrücken, gebraucht. Hierbei stimmt die Endung des Partizip Perfekt in Geschlecht und Zahl mit dem des Subjekts (handelnde Person) überein (dagegen wird das Partizip Perfekt der Verben, die mit avere gebraucht werden, nicht nach Geschlecht und Zahl verändert).

Das Partizip Perfekt kann folgende Endungen haben:

	Endung auf -are	Endung auf -ere	Endung auf -ire
Einzahl (m)	-ato	-uto	-ito
Einzahl (w)	-ata	-uta	-ita
Mehrzahl (m)	-ati	-uti	-iti
Mehrzahl (w)	-ate	-ute	-ite

Sono andat**o** al cinema.	Ich bin ins Kino gegangen. *(sagt ein Mann)*
Sono andat**a** a teatro.	Ich bin ins Theater gegangen. *(sagt eine Frau)*
Ho parlato con lui.	Ich habe mit ihm gesprochen. *(sagt ein Mann/eine Frau)*

Im Folgenden eine Liste der wichtigsten unregelmäßigen Partizip-Perfekt-Formen:

aprire (öffnen)	aperto (geöffnet)
bere (trinken)	bevuto (getrunken)
chiudere (schließen)	chiuso (geschlossen)
dire (sagen)	detto (gesagt)
essere (sein)	stato (gewesen)
fare (machen, tun)	fatto (gemacht, getan)
leggere (lesen)	letto (gelesen)
mettere (stellen, legen)	messo (gestellt, gelegt)
morire (sterben)	morto (gestorben, tot)
prendere (nehmen)	preso (genommen)
scrivere (schreiben)	scritto (geschrieben)
vedere (sehen)	visto (gesehen)
vivere (leben)	vissuto (gelebt)

Bei der Form Sapevate? (Wussten Sie?) handelt es sich um das sogenannte „Imperfekt“. Die Bildung dieser Zeitform wird im Rahmen dieses Kurses nicht behandelt.

Zukunft

Die einfachste und in der Umgangssprache üblichste Form, die Zukunft auszudrücken, ist es, die Gegenwart des Verbs mit einem zukunftsspezifischen Zeitwort zu gebrauchen.

La settimana prossima piove.	Nächste Woche regnet es.

Konditional

Mit dem Konditional bringt man eine Bitte oder einen Wunsch auf besonders elegante und höfliche Weise zum Ausdruck. Jedoch ist die Bildung des Konditionals nicht immer ganz einfach, daher genügt es, wenn Sie sich die gängigsten Formen, die in diesem Kurs vorkommen, merken.

(io)	dovrei	ich müsste/sollte
(lui/lei, Lei)	dovrebbe	er/sie müsste/sollte, Sie müssten/sollten
(io)	potrei	ich könnte
(lui/lei, Lei)	potrebbe	er/sie könnte, Sie könnten
(io)	vorrei	ich hätte gerne, ich möchte
(noi)	vorremmo	wir hätten gerne, wir möchten

Auch essere bildet den Konditional unregelmäßig:

Ci sarebbe ancora l'albergo Venezia ...	Da wäre noch das Hotel Venezia ...

Verneinung

Sätze werden mit non verneint, wobei non grundsätzlich vor dem Verb steht.

Non posso pagare.	Ich kann nicht zahlen.
Non ho tempo.	Ich habe keine Zeit.

Möchte man ausdrücken, dass etwas „nicht mehr“ geschieht, stellt man più (mehr) hinter das Verb:

Non ho più soldi.	Ich habe kein Geld mehr.

Genauso kann man auch mai (nie, niemals) anfügen:

Non sono mai stato a Roma.	Ich bin (noch) nie in Rom gewesen.

Fragen

Entscheidungsfragen

Entscheidungsfragen sind Fragen, die man nur mit sì (ja), no (nein) oder forse (vielleicht) beantworten kann. Die einfachste Art, eine Entscheidungsfrage zu stellen, ist es, am Ende eines normalen Aussagesatzes die Stimme fragend anzuheben.

Vai a Torino?	Gehst/Fährst du nach Turin?

Ergänzungsfragen

Ergänzungsfragen setzen einen vollständigen Satz als Antwort voraus. Sie werden normalerweise durch Fragewörter eingeleitet. Die wichtigsten Fragewörter sind:

quanto/-a/-i/-e?	wie viel/e?
come?	wie?
dove?	wo? / wohin?
quale/-i?	welche/r?
perché?	warum?
quando?	wann?
chi?	wer?
che?, cosa?, che cosa?	was?

Verhältniswörter (Präpositionen)

Die wichtigsten italienischen Verhältniswörter sind:

a	an, auf, nach, um, zu
con	mit
da	von, aus, bei, zu, ab, seit
di	aus, von
in	in
per	für, nach
su	auf, über
tra, fra	in, unter, zwischen

Die Präpositionen a, da, di, in und su verschmelzen mit dem nachfolgenden bestimmten Artikel wie folgt:

	il	lo	l'	la	i	gli	le
a	al	allo	all'	alla	ai	agli	alle
da	dal	dallo	dall'	dalla	dai	dagli	dalle
di	del	dello	dell'	della	dei	degli	delle
in	nel	nello	nell'	nella	nei	negli	nelle
su	sul	sullo	sull'	sulla	sui	sugli	sulle

Mit di wird auch der deutsche Genitiv (Wessen-Fall) und mit a der Dativ (Wem-Fall) ausgedrückt.

Lei è la sorella di Paolo.	Sie ist Paolos Schwester.
Scrivo una lettera a Luigi.	Ich schreibe Luigi einen Brief.

Auffordern & befehlen (Imperativ)

Die Befehlsform (Imperativ) wird wie folgt gebildet:

Verben auf -are

Canta!	Singe!
Canti!	Singen Sie!
Cantiamo!	Lass(t) uns singen!
Cantate!	Singt!

Verben auf -ere

Vendi!	Verkaufe!
Venda!	Verkaufen Sie!
Vendiamo!	Lass(t) uns verkaufen!
Vendete!	Verkauft!

Verben auf -ire

Senti!	Hör (mal)!
Senta!	Hören Sie (mal)!
Sentiamo!	Lass(t) uns hören!
Sentite!	Hört (mal)!

Wichtige Ausnahmen sind z. B.:

Mi dica ...!	Sagen Sie mir ...! / Bitte ...!
Facciamo ...!	Lass(t) uns ... machen!

Man verneint den Imperativ, indem man den entsprechenden Verbformen non voranstellt. Die einzige Ausnahme ist die 2. Person Einzahl, die mit non + Grundform des Verbs gebildet wird:

Non ti preoccupare!	Mach dir keine Sorgen!
Non si preoccupi!	Machen Sie sich keine Sorgen!
Non vi preoccupate!	Macht euch keine Sorgen! / Machen Sie (Mz) sich keine Sorgen!

Lösungen der Übungen und Transkription der Hörtexte

Lektion 1

Schon längst bekannt, nicht wahr?

1. – f., 2. – d., 3. – b., 4. – a., 5. – c., 6. – e.

Dialog A

■ Guten Tag/Morgen, Herr Müller.
● Ah, guten Tag/Morgen, Frau Di Marco! Wie geht es Ihnen?
■ Sehr gut, danke. Und Ihnen?
● Mir (geht es) auch gut, danke. Ich stelle Ihnen meine Frau vor.
■ Sehr erfreut.
▲ Angenehm.
■ Und dies ist mein Mann.
◆ Sehr erfreut.
■ Aber da ist unser Zug ... Also auf Wiedersehen.
● Auf Wiedersehen und gute Reise!

Übungen A

2. 1. – a., 2. – b., 3. – b., 4. – a.

3. 1. Le presento mia moglie. 2. Le presento mio marito. 3. Le presento la mia fidanzata. 4. Le presento il mio fidanzato. 5. Le presento la mia ragazza. 6. Le presento il mio ragazzo.

4. 1. – f., 2. – d., 3. – a., 4. – e., 5. – b., 6. – c.

Dialog B

● Hallo, Francesca, wie geht es dir?
■ Hallo, Markus! Gut, danke. Und dir, wie geht es dir?
● Na ja, nicht so gut: ich bin ein wenig/bisschen müde ...
■ Ach, das tut mir leid! ... Ich stelle dir Robert vor, einen Freund.
▲ Hallo.
■ Und wer ist deine Freundin?
● Sie ist Susanne.
■ Willkommen in Rom, Susanne!
◆ Danke.

Übungen B

2. 1. – c./d., 2. – a./b.

3. 1. – a., 2. – b., 3. – b., 4. – a.

Hörtext:

● Ciao Roberta, come stai?
■ Ciao Mario, bene, grazie. E tu, come stai?
● Sto bene, ma sono stanco.
■ Ah, mi dispiace! ... Ti presento mia sorella Anna. E lui è Mario, un amico.
◆ Ciao Mario.
● Ciao.

4. 1. – c., 2. – a., 3. – f., 4 – e., 5. – d., 6. – b.

Lektion 2

Nicht immer ganz leicht!

1. – e., 2. – f., 3. – b., 4. – d., 5. – c., 6. – a.

Dialog A

● Entschuldigen Sie (mich), ist der Platz frei?
■ Ja, ja, bitte ...
● Danke.
■ Entschuldigen Sie (mich), aber ... Sie sind keine Italienerin, nicht wahr?
● Nein nein, ich bin Deutsche. Von Frankfurt. Und Sie, woher sind Sie?
■ Ich bin von Mailand, aber ich wohne in Rom.
● Was für eine schöne Stadt! Fahren Sie auch nach Florenz?
■ Ja, beruflich, ich bin Architekt. Und Sie, was sind Sie von Beruf?

- ● Ich bin Angestellte, ich arbeite bei einer Bank. Aber jetzt bin ich in Urlaub.
- ■ Und sind Sie hier in Italien allein?
- ● Nein, ich bin (hier) mit meinem Mann!
- ■ Ah, Sie sind also verheiratet ...?
- ● Ja, ich habe auch zwei Kinder. Und Sie, sind Sie auch verheiratet? ...

Übungen A

2. 1. Buonasera. Mi scusi, ma Lei non è italiano, vero? 2. No no, sono tedesco. Ma abito a Venezia. 3. Che bella città! E perché va a Roma? 4. Per lavoro. E Lei è in vacanza, vero? 5. Sì, adesso non lavoro, sono in vacanza. 6. Allora buon viaggio.

3. 1. Mi scusi, è libero qui? 2. Lei, di dov'è? 3. Abito a ... 4. Lei, che lavoro fa? 5. (Io) sono ... 6. Sono sposato/-a.

4. 1. – c., 2. – b., 3. – d., 4. – a., 5. – f., 6. – e.

Dialog B

- ● Hallo, du bist Susanne, nicht wahr?
- ■ Ja ... und du, wie heißt du, entschuldige?
- ● Ich heiße Roberto, ich bin der Freund von Francesca!
- ■ Ah ja ...
- ● Susanne ... du bist Deutsche, nicht wahr?
- ■ Ja, ich komme aus Hamburg.
- ● Und bist du hier allein?
- ■ Nein, mit meinem Bruder.
- ● Ah, du hast einen Bruder?
- ■ Ja, und auch eine Schwester. Und du?
- ● Nein, ich habe keine Geschwister. Ich bin Einzelkind. Ah ... warum bist du (denn) in Italien? Bist du Studentin?
- ■ Ja, ich studiere Italienisch. Und du, was machst du?
- ● Ich arbeite in einem Computergeschäft ...
- ■ Ah, interessant! Nun, dann bis bald ...
- ● Tschüss, bis bald!

Übungen B

2. 1. Lei, come si chiama? 2. Vieni da Berna, vero? 3. Mia sorella è commessa. 4. Mi chiamo Giovanni. 5. Io lavoro in un ufficio. 6. Perché sei in Italia?

3. 1. – b., 2. – a., 3. – a.

Hörtext:

- ● Ciao! Sono Roberto.
- ■ Ciao, e io sono Francesca. E lei è Susanne, un'amica.
- ◆ Ciao.
- ● Ciao Susanne. Tu non sei italiana, vero?
- ◆ No, sono austriaca. Ma mio marito è italiano. E tu, da dove vieni, Roberto?
- ● Da Parma. Ma anche tu, Francesca, non sei di qui, vero?
- ■ Sì, è vero. Io vengo da Bari.
- ● Oh! Che bella città.

4. 1. – c., 2. – e., 3. – f., 4. – b., 5. – d., 6. – a.

Lektion 3

Dialog A

- ● Entschuldigen Sie, wie viel Uhr ist es?
- ■ Es ist halb vier.
- ● Wissen Sie, wann wir in Florenz ankommen?
- ■ Aber dieser Zug fährt nicht nach Florenz!
- ● Wie bitte?!
- ■ Nach Florenz müssen Sie in Mailand umsteigen und den Zug nach Neapel nehmen. Mailand ist die nächste Station.
- ● Und wann kommen wir an?
- ■ Ich weiß nicht ... Fragen wir den Schaffner.
- ▲ Die Fahrkarten, bitte.
- ● Bitte schön. Entschuldigen Sie, um wie viel Uhr kommen wir in Mailand an?
- ▲ Leider haben wir zehn Minuten Verspätung, wir kommen gegen vier (Uhr) an. Ah, Sie müssen nach Florenz fahren. Der Zug nach Florenz fährt um Viertel nach vier ab, auf Gleis 11.
- ● Ah, OK. Tausend Dank!
- ▲ Bitte, gute Reise!

Übungen A

2. 1. Abbiamo dieci minuti di ritardo. 2. A che ora arriviamo? 3. Questo treno non va a Bari. 4. Lei deve cambiare a Milano. 5. Chiediamo al controllore. 6. Il treno per Firenze parte alle quattro.

3. 1. Nove meno tre uguale sei. 2. Sette più due uguale nove. 3. Dodici meno nove uguale tre. 4. Otto più tre uguale undici. 5. Cinque meno quattro uguale uno. 6. Uno più sei uguale sette. 7. Dieci meno cinque uguale cinque. 8. Due più otto uguale dieci. 9. Quattro più uno uguale cinque. 10. Tre meno due uguale uno. 11. Undici più uno uguale dodici. 12. Sette meno sei uguale uno.

4. 1. Che ore sono? – Sono le tre e mezza. 2. Sono le sette e un quarto. 3. Sono le cinque meno un quarto. 4. Sono le cinque. 5. È mezzogiorno. / Sono le dodici. 6. È l'una e mezza. 7. Sono le tre meno un quarto. 8. È mezzanotte. 9. Sono le undici e un quarto. 10. Sono le sei e mezza. 11. Sono le nove meno un quarto. 12. Sono le dieci.

Dialog B

- ● Entschuldigen Sie, wo ist die Touristeninformation?
- ■ Sie ist hier gegenüber, aber sie ist heute geschlossen. Sie können es auf der Piazza del Duomo versuchen.
- ● Ist es weit?
- ■ Nein, nein, es ist hier in der Nähe. Sie können zu Fuß hingehen.
- ● Aber ich habe die Koffer ...
- ■ Dann können Sie den Bus nehmen. Den 12er. Sie können die Fahrkarte dort kaufen, sehen Sie?
- ● Und wo ist die Haltestelle?
- ■ Also, Sie müssen den Platz überqueren und dann ...
- ● Nein, nein, entschuldigen Sie, es ist egal. Ich nehme ein Taxi. Wo ist der Taxistand?
- ■ Ah, er ist hier gegenüber, sehen Sie?
- ● Sehr gut. Danke und auf Wiedersehen.

Übungen B

2. 1. Scusi, l'ufficio informazioni è lontano? 2. No, è qui vicino. Può andare a piedi. 3. Ma ho le valigie ... 4. Allora può prendere un taxi. 5. Dov'è la stazione dei taxi? 6. È qui di fronte, vede?

3. 1. – a., 2. – a., 3. – b.

Hörtext:

- ● Buongiorno, mi scusi. Sa dov'è l'ufficio informazioni?
- ■ Sì, ma a piedi è un po' lontano. Può prendere l'autobus, il numero 37, la fermata è lì, vede?
- ● Ah, va bene. Ma sono le sei e mezza, è ancora aperto?
- ■ Sì sì, è aperto, non si preoccupi!
- ● Ah, va bene. Grazie mille.
- ■ Di niente!

4. 1. Per andare lì, deve prendere il tram. 2. Per andare in piazza del Duomo, deve prendere un taxi. 3. Per andare su, deve prendere la funicolare. 4. Per andare a Firenze, deve prendere l'autobus. 5. Per andare in piazza Garibaldi, deve prendere la metro. 6. Per andare a Milano, deve prendere il treno.

Lektion 4

Die richtige Unterkunft gefunden?

1. Hotel 2. Frühstückspension 3. Campingplatz 4. Jugendherberge 5. Pension 6. Landhotel

Dialog A

- ● Guten Tag/Morgen, kann ich Ihnen helfen?
- ■ Ja, ich suche ein Hotel hier in Florenz.
- ● Für wann?
- ■ Ab heute für drei Nächte.
- ● Also vom 14. bis 17. August. Wie viele Sterne?
- ■ Drei.
- ● Wollen Sie ein Einzelzimmer oder ein Doppelzimmer?

- ■ Ein Zimmer mit Doppelbett.
- ● Also ... es gibt das Hotel „Il Moro". Ein Zimmer mit Doppelbett kostet 95 Euro die Nacht.
- ■ Oh, das ist ein wenig teuer ...
- ● Ansonsten gibt es „Lo Scudo", das kommt auf 70 Euro.
- ■ Und ist es im Zentrum?
- ● Ja ja, auf jeden Fall! Es ist auf der Piazza San Marco.
- ■ Ah, perfekt! Können Sie mir die Telefonnummer geben?
- ● Sicher: 055 15 23 78.

Übungen A

2. 1. stanze, 2. giorni, 3. notti, 4. stelle, 5. telefoni, 6. studenti, 7. indirizzi, 8. fratelli, 9. camere, 10. ore, 11. pensioni, 12. fermate

3. 1. Quanto costa l'albergo? – Costa novantacinque euro a notte. 2. Costa settanta euro a notte. 3. Costa quarantanove euro a notte. 4. Costa ottantaquattro euro a notte. 5. Costa trentadue euro a notte. 6. Costa cinquantuno euro a notte. 7. Costa diciotto euro a notte. 8. Costa ventitré euro a notte. 9. Costa sessantasei euro a notte. 10. Costa ottantanove euro a notte. 11. Costa quaranta euro a notte. 12. Costa trentasette euro a notte.

4. 1. Cerco una pensione per tre notti. 2. Vuole una singola o una matrimoniale? 3. Va bene ma per quanti giorni? 4. L'albergo non è in centro, vero? 5. Mi può dare il numero? 6. Purtroppo è un po' caro ...

Dialog B

- ● Hotel „Lo Scudo", guten Tag/Morgen.
- ■ Guten Tag/Morgen, ich würde gerne ein Zimmer mit Doppelbett ab heute reservieren.
- ● Für wie viele Nächte?
- ■ Drei, bis zum 17.
- ● Also, mal sehen ... Sehr gut, kein Problem. Auf welchen Namen?
- ■ Müller.
- ● Können Sie es buchstabieren, bitte?
- ■ M wie Mailand, U wie Udine mit zwei Pünktchen, Doppel-L wie Livorno, E wie Empoli, R wie Rom.
- ● Müller. Perfekt.
- ■ Können Sie mir die Bestätigung per E-Mail schicken? Meine Adresse ist Mueller345@bestmail.de.
- ● O.K.
- ■ Tausend Dank. Auf Wiedersehen ...

Übungen B

3. 1. Vorrei prenotare una camera dal 15 al 18 giugno. 2. Vorrei prenotare una camera dal 9 all'11 dicembre. 3. Vorrei prenotare una camera dal 17 al 20 aprile. 4. Vorrei prenotare una camera dal 25 al 27 ottobre. 5. Vorrei prenotare una camera dal 13 al 14 febbraio. 6. Vorrei prenotare una camera dal 21 al 29 luglio. 7. Vorrei prenotare una camera dal 23 al 26 novembre. 8. Vorrei prenotare una camera dal primo al 12 agosto. 9. Vorrei prenotare una camera dal 16 al 24 maggio. 10. Vorrei prenotare una camera dal 19 al 22 marzo. 11. Vorrei prenotare una camera dal 27 al 30 settembre. 12. Vorrei prenotare una camera dal 28 al 31 gennaio.

4. 1. – a., 2. – b., 3. – b.

Hörtext:

- ● Albergo Bellavista, buonasera.
- ■ Buonasera, cerco una camera singola dal dodici agosto.
- ● Per quante notti?
- ■ Quattro, fino al sedici agosto. Quanto costa a notte?
- ● Ottanta euro.
- ■ Va bene, la prendo. Mi chiamo De Marco. Mi può mandare la conferma per e-mail?
- ● Certo ...

Lektion 5

Übungen A

Luxus pur

1. Bett 2. Decke 3. Schrank 4. Tisch 5. Lampe 6. Stuhl 7. Telefon 8. Spiegel 9. Kissen 10. Fernseher

Dialog A

- ■ Guten Abend, wir haben ein Zimmer bei Ihnen reserviert.
- ● Guten Abend, Ihr Name, bitte?
- ■ Mein Name ist Peter Schmidt. Hier ist die Bestätigung.
- ● Haben Sie ein Dokument?
- ■ Sicher, ist der Personalausweis O.K.?
- ● Sehr gut. Es ist für zwei Nächte, nicht wahr?
- ■ Nein, nein, für drei Nächte! Wir reisen am Samstag ab.
- ● Ah genau ... Also, Ihr Zimmer ist die Nummer 25, im zweiten Stock. Hier ist der Schlüssel.
- ■ Tausend Dank.
- ● Der Aufzug ist hier links.
- ■ Danke ... Ah, Entschuldigung! Das Frühstück ist (doch) im Preis inbegriffen, oder?
- ● Sicher. Es wird hier im Erdgeschoss von sieben bis zehn serviert.
- ■ Perfekt, also danke und gute Nacht!
- ● Bitte. Gute Nacht, die Herrschaften!

2. 1. – b., 2. – a., 3. – a., 4. – b.

3. 1. Vorrei una (camera) singola fino a sabato. 2. Vorrei/Vorremmo una (camera) doppia con mezza pensione. 3. Vorrei/Vorremmo una camera matrimoniale. 4. Vorrei/Vorremmo una camera doppia. 5. Vorrei/Vorremmo una (camera) doppia con colazione.

4. 1. Vorremmo rimanere per una notte, ripartiamo lunedì. 2. Vorremmo rimanere per due notti, ripartiamo martedì. 3. Vorremmo rimanere per tre notti, ripartiamo mercoledì. 4. Vorremmo rimanere per quattro notti, ripartiamo giovedì. 5. Vorremmo rimanere per cinque notti, ripartiamo venerdì. 6. Vorremmo rimanere per sei notti, ripartiamo sabato. 7. Vorremmo rimanere per sette notti, ripartiamo domenica.

Dialog B

- ● Rezeption, guten Abend.
- ■ Guten Abend, ich rufe von Zimmer 25 an.
- ● Bitte, was wünschen Sie?
- ■ Entschuldigen Sie, aber mir gefällt das Zimmer nicht. Haben sie ein größeres und ruhigeres, das nicht zur Straße hin liegt?
- ● Es tut mir leid, leider ist heute Abend alles ausgebucht, aber morgen wird ein Zimmer mit Meerblick frei.
- ■ Sehr gut, aber es gibt ein anderes Problem. Hier funktioniert die Dusche nicht und es gibt kein heißes Wasser ... ah und außerdem schließt das Fenster nicht!
- ● Du meine Güte! Keine Sorge, ich schicke Ihnen gleich jemanden.
- ■ Tausend Dank, und könnte ich bitte noch eine Decke haben?
- ● Aber natürlich. Einen guten Abend.
- ■ Ebenfalls.

Übungen B

2. 1. Il riscaldamento non funziona. 2. La camera non mi piace. 3. Non c'è una camera più tranquilla. 4. La finestra non si chiude. 5. Non c'è acqua calda. 6. La camera non dà sulla strada.

3. 1. – b. 2. – a., 3. – b., 4. – b.

Hörtext:

- ● Pronto.
- ■ Pronto, chiamo dalla camera 32.
- ● Mi dica.
- ■ La camera non mi piace, ne avete una più grande?
- ● No, purtroppo per oggi non è possibile.
- ■ Ah, va bene. Però qui il riscaldamento non funziona, e non c'è acqua calda.
- ● Non si preoccupi, mando subito qualcuno.

4. 1. – b., 2. – a., 3. – b.

Lektion 6

Übungen A

Trockene Kehlen?

1. Bier 2. Espresso 3. Milchkaffee 4. Milchkaffee mit geschäumter Milch 5. Espresso im Glas mit viel Milch 6. Tee 7. Weißwein 8. Rotwein

Dialog A

● Guten Tag/Morgen.
■ Guten Tag/Morgen, ich hätte gerne ein Glas Rotwein und ein Schinkenbrötchen.
● Und für Sie?
▲ Für mich nur einen Espresso, danke ... Mit einem Schuss Milch!
...
● Bitte schön.
■ Danke. Entschuldigung, was kann man (denn) hier am Abend Interessantes unternehmen?
● Na ja, es gibt viele interessante Lokale, mehrere Diskotheken ...
■ Ja, aber ... wir tanzen nicht gerne. Wir mögen lieber einen ruhigen Abend. Wissen Sie, ob es ein Kino oder ein Theater gibt?
● Ja, ja, es gibt das Kino „Astra" in der Gentileschi-Straße. Aber diese Woche gibt es das Polenta-Fest.
▲ Was ist (denn) das?
● Es ist ein Fest, das der Polenta gewidmet ist. Sie können verschiedene traditionelle Rezepte probieren, dann gibt es Konzerte, Vorstellungen ...
■ Na ja, ich weiß nicht ...
▲ Doch, komm! Ich mag traditionelle Feste. Und ich mag Polenta.

2. Mögliche Lösungen: 1. Buongiorno, vorrei *un caffè*. 2. Ecco qui. 3. Grazie. Scusi, cosa si può fare *qui la sera*? 4. Ci sono molti *bar* e c'è anche un *cinema*. 5. Sa se c'è *una festa tradizionale*? 6. Sì certo! C'è la festa *di San Rocco*.

3. 1. Questa settimana c'è la festa di San Giovanni? 2. Questa settimana c'è il festival del cinema per bambini? 3. Questa settimana c'è la fiera del cioccolato? 4. Questa settimana c'è la sagra dei tortellini? 5. Questa settimana c'è il festival dell'opera? 6. Questa settimana c'è la fiera del vino rosso?

4. 1. Vorrei ... 2. Cosa prendi? / Cosa prende? 3. Cosa si può fare qui la sera? 4. C'è un cinema o un teatro? 5. Mi piace / Non mi piace. 6. Preferisco/Preferiamo una serata tranquilla.

Dialog B

■ Entschuldigung, wissen Sie, wo das Polenta-Fest ist?
● Ja, es ist auf dem Matteotti-Platz ...
■ Ist es weit zu Fuß?
● Nein, nein, es ist in der Nähe, nur 10 Minuten. Also ... gehen Sie immer geradeaus bis zur Ampel, dann biegen Sie links ab, überqueren Sie die Brücke, biegen Sie an der zweiten (Straße) rechts ab und dort ist der Matteotti-Platz.
■ Also: immer geradeaus bis zur Ampel, dann nach links, wir überqueren die Brücke und an der ersten (Straße) nach rechts ...
● Nein, nein, an der zweiten!
■ Ah ja, wir biegen an der zweiten rechts ab und wir sind da.
● Richtig!
■ Also tausend Dank und einen schönen Abend.
● Auch Ihnen einen schönen Abend. Und gutenAppetit!

Übungen B

2. 1. Mi scusi, sa dov'è il teatro San Carlo? 2. Sì, è in centro. 3. Mi può dire l'indirizzo esatto? 4. Andate sempre dritto fino al semaforo. 5. E poi all'incrocio girate a sinistra. 6. Grazie mille e buona serata.

3. 1. – b., 2. – b., 3. – b.

Hörtext:
- ● Buongiorno.
- ■ Buongiorno.
- ● Un caffè, per favore.
- ■ Ecco a Lei.
- ● Mi scusi, questa settimana c'è la sagra degli gnocchi, vero?
- ■ Sì, sì.
- ● È in piazza Dante? Come sempre?
- ■ No, no. Quest'anno è in Piazza Garibaldi.
- ● Piazza Garibaldi ... È lontano da qui?
- ■ No, è vicino. Da qui gira a destra in via Dante, va sempre dritto ...

4. 1. – d., 2. – b., 3. – e., 4. – a., 5. – c.

Test 1

1. 1. – b., 2. – b., 3. – c., 4. – b., 5. – c., 6. – a.

2. 1. – f., 2. – g., 3. – e., 4. – d., 5. – c., 6. – a., 7. – h., 8. – b.

3. Mögliche Lösungen:

1. Sie treffen Ihren Bekannten Herrn Rossi.
- ■ Buonasera, signor Rossi. Come sta?
- ● Molto bene, grazie. E Lei?
- ■ Anch'io sto bene/molto bene. Le presento mia moglie/un collega/mio fratello.
- ● Arrivederci e buon viaggio/buona passeggiata.

2. Sie halten einen Plausch mit einem/einer Fremden.
- ■ Lei non è italiano/-a, vero?
- ● No, sono tedesco/-a / austriaco/-a, di Monaco/ Vienna. E Lei?
- ■ Io sono italiano/-a, di Roma. E che lavoro fa?
- ● Sono architetto/-a / avvocato/-a. Lei è sposato/-a?

3. Sie rufen bei einem Hotel zwecks Zimmerreservierung an.
- ■ Pronto, albergo Bellavista. Mi dica.
- ● Vorrei prenotare una camera singola/doppia/ matrimoniale dal 12 agosto per una notte/ due notti.
- ■ Mi può dare il Suo nome, per favore?
- ● Mi chiamo Schmidt. Mi può mandare la conferma per e-mail.

4. Sie sitzen im Zug und erkundigen sich beim Schaffner.
- ■ Scusi, a che ora arriviamo a Napoli/Milano?
- ● Purtroppo abbiamo dieci/venti minuti di ritardo, arriviamo verso l'una/le tre/ le quattro e mezza.
- ■ A che ora e da dove parte il treno per Roma?
- ● Il treno per Roma parte all'una e venti/alle tre e dieci, dal binario cinque.

5. Ihre Freundin Elena läuft Ihnen zufällig über den Weg.
- ■ Salve Elena, come stai/va?
- ● Bene/Abbastanza bene/Così così. Ti presento Paul/un collega.
- ■ Ciao, sei italiano?
- ▲ No, sono tedesco. Ciao!

6. Sie erkundigen sich an der Hotelrezeption.
- ■ Mi scusi. Cosa si può fare qui la sera?
- ● C'è un pub/bar e se vi piace ballare ci sono tanti locali/tante discoteche.
- ■ Preferisco una serata tranquilla. Sa se c'è un cinema/teatro?
- ● Sì certo, c'è il cinema Odeon/il teatro Valli in via Dante.

4. 1. Che ore sono? 2. Grazie mille. 3. Non si preoccupi. 4. Alla prossima (volta). 5. Vorrei un cappuccino. 6. Cerco un albergo. 7. Piacere. / Molto lieto/-a. 8. Dov'è l'ufficio informazioni?

Lektion 7

Dialog A

■ Guten Abend, gibt es einen freien Tisch für zwei (Personen)?
● Sicher, ist es hier in Ordnung?
■ Ja, sehr gut, danke.
...
● Hier ist die Karte.
■ Danke, wir möchten ein typisches Gericht. Was empfehlen Sie uns (denn)?
● Als ersten Gang haben wir sehr gute Spaghetti alla norcina oder Ravioli mit Ricotta ...
▲ Ist Fleisch in den Spaghetti alla norcina?
● Ja, die Dame.
▲ Dann nehme ich die Ravioli.
● Für mich (dagegen) die Spaghetti alla norcina.
■ Gut. Nehmen Sie auch einen zweiten Gang?
● Nein, danke, nur einen ersten. Und zum Trinken roten Hauswein.
■ Ein Viertel?
● Nein, besser einen halben Liter.

Übungen A

2. 1. – b., 2. – a., 3. – a.

3. 1. – d., 2. – e., 3. – c., 4. – a., 5. – b.

4. 1. – d., 2. – e., 3. – c., 4. – a., 5. – b.

Dialog B

■ Bitte schön, Spaghetti a la norcina und Linguine alla romana!
● Entschuldigung, aber das habe ich nicht bestellt ...
■ Sie haben recht! Ich bringe es sofort.
● Danke. Und können Sie uns bitte auch ein bisschen Brot bringen?
■ Sicher.
...
● Also, wie sind (denn) die Spaghetti?
▲ Mh, gut, aber ein bisschen schwer. Und die Ravioli?
● Sie sind ausgezeichnet, wirklich besonders! Auch das Restaurant gefällt mir, es ist ruhig, traditionell ...
▲ Ja, ja. Hör mal, willst du noch ein Dessert, einen Espresso?
● Nein, danke, es ist gut so.
▲ Dann zahlen wir?
● Aber ja.
▲ Entschuldigung! Die Rechnung, bitte ...

Übungen B

2. 1. – c., 2. – e., 3. – a., 4. – f., 5. – d., 6. – b.

3. 1. – a., 2. – a., 3. – a., 4. – b.

Hörtext:
● Buonasera.
■ Buonasera, un tavolo per uno, per favore.
● Va bene qui?
■ Benissimo. Prendo solo un primo, cosa mi consiglia?
● Di primo abbiamo spaghetti al pesto o fettuccine al ragù.
■ Ah no, le fettucine no ... Sono vegetariano. Prendo gli spaghetti.
● E da bere?
■ Un bicchiere di vino, per favore.
● Bianco o rosso?
■ Rosso, per favore.

4. 1. Come sono gli spaghetti? 2. Sono buoni, ma un po' pesanti. 3. Il ristorante mi piace, è molto tranquillo. 4. Vuoi ancora un dolce? 5. No grazie, prendo solo un caffè. 6. Il conto, per favore!

Lektion 8

E-Mails auf Italienisch!

1. – e., 2. – d., 3. – a., 4. – c., 5. – b.

Dialog A

● Guten Tag. Ich habe eine Frage. Gibt es im Zimmer WLAN?
■ Guten Tag. Ja, selbstverständlich. Es ist (auch) kostenlos.

- Sehr gut. Können Sie mir bitte das Passwort geben?
- Hier ist es. Sie haben Netz im ganzen Hotel.

...

- Das WLAN funktioniert nicht.
- Normalerweise gibt es keine Probleme. Haben Sie das Passwort korrekt eingegeben, sind Sie sicher? Vielleicht können Sie es noch einmal versuchen. Es ist wichtig, alles in Kleinbuchstaben zu schreiben.
- Ich habe es gemacht, wie Sie es sagen, (aber) ab und zu funktioniert es, ab und zu nicht. Das Problem ist, dass die Verbindung sehr schwach ist.
- Oh, das tut mir leid, machen Sie sich keine Sorgen, ich werde Ihnen jemanden schicken, der den Hotspot überprüft. Mal sehen, ob es danach besser funktioniert, O.K.?
- Ja, perfekt. Vielen Dank.

Übungen A

2. 1. Buongiorno, ho una domanda. C'è il Wi-Fi nella camera? 2. Certo, signore. 3. Può darmi la password? 4. Non ha bisogno di una password. 5. Quanto costa? 6. Niente, è gratuito.

3. 1. C'è il Wi-Fi nella camera? 2. Il Wi-Fi è gratuito? 3. Può darmi la password, per favore? 4. Il Wi-Fi non funziona. 5. La connessione è molto debole.

4. 1. Puoi darmi la password per il Wi-Fi? 2. Posso aiutarla? 3. Possiamo riprovare. 4. C'è il Wi-Fi a casa mia, potete usarlo. 5. Forse possono mandare qualcuno a controllare l'hotspot.

Dialog B

- Hallo Paolo, hörst du mich?
- Ja, ich höre dich, aber ich sehe dich nicht. Du musst die Webcam einschalten.
- Was muss ich tun?
- Du musst die Webcam einschalten. Klicke auf das Webcam-Symbol. Genau, so ist es besser. Schön, dich wiederzusehen. Wie geht es dir? Emilia? Vielleicht ist bei dir das Mikrofon ausgeschaltet.
- Oh, entschuldige. Ich habe den falschen Button gedrückt drückt drückt.
- Emilia, ich höre ein Echo. Ich schließe und wir versuchen es noch einmal. Kann ich dich zurückrufen?
- Ja, klar.

...

- Hallo. Jetzt ist es besser. Ich sehe dich endlich gut.
- Aber ich sehe dich nicht, der Bildschirm ist schwarz.
- Oh, nein. Warte einen Moment, ist es so besser?
- Ja ja, jetzt ist es sehr gut.
- Gut, können wir jetzt anfangen?
- Ja, klar, beginnen wir gleich ...

Übungen B

2. 1. – c., 2. – e., 3. – a., 4. – b., 5. – d.

3. 1. – b., 2. – a., 3. – a.

Hörtext:

- Ciao, Giovanna, mi vedi?
- No, Luca, ti sento, ma non ti vedo. Devi accendere la telecamera.
- Oh, scusa. Ho premuto il bottone sbagliato.
- Adesso va meglio. Ti vedo bene.
- Io invece non ti vedo, lo schermo è nero.
- Oh, no. Aspetta un momento ... Va meglio così?
- Sì sì, ora va bene.

4. 1. Ti sento, ma non ti vedo. 2. Cosa devo fare? 3. Clicca sul simbolo della telecamera. 4. Va meglio così? 5. Allora possiamo cominciare?

Lektion 9

Herzliche Urlaubsgrüße

Taormina: oben links, Bolzano: unten links, Rimini: rechts

Dialog A

Die Karte einführen ...
Die Geheimzahl eingeben und „Bestätigen" drücken
Verbindungsproblem durch Intervention des externen Betreibers ...
Die Karte einführen ...

- ● Wie bitte?

Die Karte einführen ...

- ● Aber sie ist ja schon eingeführt ... Ah, meine Karte!

Die Karte einführen ...

- ■ Guten Tag/Morgen, bitte schön ...
- ● Der Geldautomat ist blockiert und gibt mir die Karte nicht zurück!
- ■ Vielleicht haben Sie die falsche Geheimzahl eingegeben ...
- ● Nein, nein, die Geheimzahl ist richtig! Ich bin mir sicher. Was muss ich tun, um meine Karte wiederzubekommen?
- ■ Keine Sorge, in einigen Tagen schicken wir sie an Ihre Bank.
- ● Wie bitte? In einigen Tagen?! Könnte ich sie nicht sofort wieder haben? Ich müsste das Hotel bezahlen und überhaupt, was mache ich ohne Geld?
- ■ Na ja, dann muss Ihre Bank eine Mail mit der Genehmigung schicken. Es ist leider so. Das sind unsere Bestimmungen ...
- ● O.K. Wie ist Ihre E-Mail-Adresse?

Übungen A

2. 1. Dovrei pagare l'albergo. 2. Lei dovrebbe mandare un'e-mail. 3. Il codice è giusto! 4. Sono sicura. 5. Non si preoccupi!, 6. Il bancomat si è bloccato.

3. 1. bloccato 2. digitato 3. inserito 4. premuto 5. potuto 6. sbagliato

4. 1. Venti più quattordici uguale trentaquattro. 2. Trentaquattro meno trentadue uguale due. 3. Due più diciassette uguale diciannove. 4. Diciannove più cinquantacinque uguale settantaquattro. 5. Settantaquattro meno quarantadue uguale trentadue. 6. Trentadue meno diciannove uguale tredici. 7. Tredici più trentasei uguale quarantanove. 8. Quarantanove meno dieci uguale trentanove. 9. Trentanove meno quattordici uguale venticinque. 10. Venticinque più trenta uguale cinquantacinque. 11. Cinquantacinque meno nove uguale quarantasei. 12. Quarantasei più ventisei uguale settantadue.

Dialog B

- ● Hallo, Ich nehme diese Postkarte und eine Briefmarke. Und diese Zeitung, bitte.
- ■ Das macht sechs Euro fünfzig.
- ● Ah, und ich möchte auch ein Paket schicken, ist das möglich?
- ■ Leider nein, für Pakete müssen Sie zur Post gehen, es gibt eine hier in der Nähe, direkt an der Ecke ...
- ● O.K., tausend Dank. Auf Wiedersehen ...

...

- ▲ Der Nächste, bitte!
- ● Guten Tag/Morgen, ich möchte dieses Paket nach Deutschland schicken.
- ▲ Schnell oder normal?
- ● Wie bitte? Ich habe nicht verstanden ...
- ▲ Wollen Sie es mit normaler Post oder schneller schicken?
- ● Ah ja, ich habe verstanden ... Normal ist O.K., danke.
- ▲ Dann macht das sieben Euro.

Übungen B

2. 1. Salve, prendo questa cartolina. 2. Ecco a Lei. 3. E ho anche bisogno di un francobollo.

4. Il francobollo è per l'Italia? 5. No, è per la Germania. 6. Allora sono tre euro.

3. 1. – b., 2. – b., 3. – b., 4. – a.

Hörtext:
- ● Buonasera, mi dica!
- ■ Buonasera. Vorrei spedire questo pacchetto.
- ● Celere o ordinario?
- ■ Ordinario, grazie. Ho anche bisogno di un francobollo per una cartolina.
- ● Ecco a lei. Sono 9 euro e 70.

4. 1. Vorrei spedire questo pacco in Germania. 2. Vorrei spedire questa cartolina in Austria. 3. Vorrei spedire questa lettera in Svizzera. 4. Vorrei spedire questi pacchi in Francia. 5. Vorrei spedire queste cartoline in Italia. 6. Vorrei spedire queste lettere in Spagna.

Lektion 10

Das liebe Wetter!

1. Foto unten rechts 2. Foto oben rechts 3. Foto oben links 4. Foto unten Mitte 5. Foto unten links

Dialog A
- ● Hallo, den Corriere und eine Fahrkarte, bitte.
- ■ Das macht zwei Euro.
- ● Ah, entschuldigen Sie, was kostet stattdessen ein Tagesticket? Oder vielleicht eine Wochenkarte?
- ● Also, das Tagesticket kostet vier Euro und die Wochenkarte sechzehn Euro.
- ■ Dann nehme ich ein Tagesticket. Wie komme ich bitte zum Flughafen?
- ● Sie nehmen den Bus, den 3er. Sie fahren sechs Haltestellen und steigen am Circo Massimo aus, dann nehmen Sie die Metro in Richtung Rebibbia bis zum Termini-Bahnhof, und von dort gibt es einen Direktzug zum Flughafen.
- ■ O.K., danke.
- ● Aber am Donnerstag ist Streik, eh, Achtung!
- ■ Oh nein, ausgerechnet am Donnerstag? Und was mache ich jetzt?
- ● Nun, Sie müssen ein Taxi nehmen ...

Übungen A

2. 1. Come faccio ad arrivare all'aeroporto? 2. Come faccio ad arrivare al porto? 3. Come faccio ad arrivare alla stazione? 4. Come faccio ad arrivare alla pensione? 5. Come faccio ad arrivare in piazza Garibaldi? 6. Come faccio ad arrivare allo stadio? 7. Come faccio ad arrivare allo zoo? 8. Come faccio ad arrivare al mare? 9. Come faccio ad arrivare al cinema? 10. Come faccio ad arrivare al mio albergo? 11. Come faccio ad arrivare al mercato? 12. Come faccio ad arrivare al parco municipale?

3. 1. Ma lunedì c'è sciopero, attenzione! – Oh no, proprio lunedì? 2. Ma martedì c'è sciopero, attenzione! – Oh no, proprio martedì? 3. Ma mercoledì c'è sciopero, attenzione! – Oh no, proprio mercoledì? 4. Ma giovedì c'è sciopero, attenzione! – Oh no, proprio giovedì? 5. Ma venerdì c'è sciopero, attenzione! – Oh no, proprio venerdì? 6. Ma sabato c'è sciopero, attenzione! – Oh no, proprio sabato? 7. Ma domenica c'è sciopero, attenzione! – Oh no, proprio domenica?

4. 1. Quanto costa un biglietto giornaliero? 2. Vorrei fare un abbonamento mensile. 3. Va fino alla stazione di Piazza Dante. 4. C'è sciopero, Le conviene prendere un taxi. 5. Fa sei fermate e scende al Circo Massimo. 6. Senta, che linea devo prendere?

Dialog B
- ● Sind Sie frei?
- ■ Ja, ja, bitte. Geben Sie mir das Gepäck ... Wohin bringe ich Sie?
- ● Zum Flughafen, bitte.
- ■ Reisen Sie schon ab? Gefällt Ihnen Rom nicht?

- Doch, doch, sehr ... Und dann scheint hier die Sonne, es ist warm ... Aber ich muss zurück zur Arbeit ...
- Nun ja, Sie haben recht, es ist wirklich schönes Wetter ... Aber nächste Woche regnet es, wissen Sie das? Sie reisen gerade rechtzeitig ab ... Aber woher sind Sie (denn)?
- Ich bin Deutscher ...
- Ah, ich habe verstanden. Alles klar, wenigstens dieses Jahr geht es Bayern München gut, nicht wahr? Mögen Sie Fußball? Für welche Mannschaft sind Sie?
- Na ja, also ...
- Also ich bin Rom-Fan, wissen Sie ... Für mich ist Rom alles ...

Übungen B

2. 1. – b., 2. – e., 3. – a., 4. – f., 5. – d., 6. – c.

3. 1. – a., 2. – b., 3. – a., 4. – a.

Hörtext:

- Scusi, è libero?
- Sì, prego. Dove La porto?
- All'aeroporto, per favore. Mamma mia, come piove!
- Parte già? Non Le piace Milano?
- Sì sì, mi piace molto. Ma devo tornare al lavoro, a Berna.
- Ah, è svizzero?
- No, veramente sono italiano, ma vivo e lavoro lì.
- Ah, e che lavoro fa?
- Sono giornalista.
- E Le piace il calcio?
- Veramente ...
- Io tifo per l'Inter, per me il calcio è tutto ...

4. 1. Fa caldo oggi. 2. Fa freddo e nevica. 3. Il tempo è bello e c'è il sole. 4. Il tempo è brutto e c'è la nebbia. 5. È nuvoloso e c'è vento. 6. La settimana prossima piove.

Lektion 11

Bringen Sie Farbe in Ihr Italienisch!

1. weiß 2. gelb 3. blau 4. schwarz 5. grün 6. rot

Dialog A

- Wer ist dran?
- Ich. Ich möchte ein Kilo Tomaten.
- Sind diese recht? ... Bitte schön. Darf's sonst noch etwas sein?
- Ja, Paprika und ein bisschen Salat, bitte.
- Was für Paprika möchten Sie? Rote oder gelbe?
- Rote. Ich nehme fünf (davon) ... Haben Sie auch Käse?
- Natürlich. Möchten Sie lieber frischen oder gereiften?
- Gereiften, vielleicht Pecorino ...
- Also ein schönes Stück gereiften Pecorino ... Ist es so recht?
- Ein bisschen mehr ... jawohl, so ist es gut.
- Bitte schön. Darf's sonst noch etwas sein?
- Nein, das reicht, danke. Wie viel macht das?
- Das macht fünfzehn Euro.

Übungen A

2. 1. – b., 2. – a., 3. – b.

3. 1. Prendo un chilo di mele, per favore.
2. Prendo 400 grammi di pesche, per favore.
3. Prendo mezzo chilo di arance, per favore.
4. Prendo due chili di pomodori, per favore.
5. Prendo tre chili di patate, per favore.
6. Prendo 200 grammi di formaggio, per favore.

4. 1. Vorrei un etto di salame. 2. Vorrei una fetta di torta. 3. Vorrei un pacco di pasta. 4. Vorrei una scatoletta di tonno. 5. Vorrei una bottiglia d'acqua. 6. Vorrei un barattolo di marmellata.

Dialog B

- ● Guten Tag/Morgen, kann ich Ihnen helfen?
- ■ Ja, ich würde gern dieses Kleid im Schaufenster ansehen.
- ● Das grüne mit Blumenmuster?
- ■ Ja, genau. Haben Sie es in Größe 46?
- ● Natürlich, nur einen Moment ... Bitte schön, wenn Sie es anprobieren wollen, die Umkleidekabine ist dort.

...

- ■ Also, wie steht es Ihnen?
- ● Na ja, es kommt mir ein bisschen zu eng vor ... Was meinen Sie? Vielleicht haben Sie es in einer größeren Größe?
- ■ Aber nein! Meiner Meinung nach ist es perfekt so ... Es steht Ihnen sehr gut ...
- ● Meinen Sie? Also gut, ich nehme es. Und ich brauche auch ein Paar Schuhe, elegante, mit Absatz ...
- ■ Was für eine Größe haben Sie?
- ● Ich habe 39 ... Und dann möchte ich auch eine Tasche ansehen, einen Gürtel, ein ...

Übungen B

2. 1. Quanto costa questa borsa? 2. Come Le sta questo vestito? 3. Non mi piacciono queste calze. 4. Questi jeans sono troppo stretti.

3. 1. – b., 2. – a., 3. – b., 4. – a.

Hörtext:

- ● Buongiorno, vorrei vedere quella giacca in vetrina.
- ■ Quella gialla?
- ● No no, quella verde.
- ■ Bene, che taglia porta?
- ● La 46.
- ■ Ecco a Lei, se vuole provarla il camerino è lì.
- ● Grazie ...

(...)

- ■ Allora, come Le sta?
- ● Veramente è un po' stretta. Avete una taglia più grande?

4. 1. – b., 2. – a., 3. – b., 4. – a.

Lektion 12

Wo drückt's denn?

1. – g., 2. – e., 3. – c., 4. – a., 5. – f., 6. – b., 7. – d., 8. – h.

Dialog A

- ● Morgen, bitte schön.
- ■ Ich hätte gerne ein Päckchen Aspirin®, bitte ... und auch etwas gegen Übelkeit.
- ● Ja, gerne ... Aber was für Symptome haben Sie (denn) genau?
- ■ Mir dreht sich der Kopf, mir ist übel – und ich meine, ich habe auch ein bisschen Fieber ...
- ● Haben Sie heute etwas Ungewöhnliches gegessen?
- ■ Nein, nein, nur einen Teller Carbonara und ein Glas Wein. Dann habe ich mich den ganzen Nachmittag am Strand gesonnt ... Also nichts Besonderes.
- ● Na ja, wahrscheinlich haben Sie einen Sonnenstich. Ich gebe Ihnen dieses Medikament: Nehmen Sie es dreimal am Tag. Und vor allem sollen Sie viel Wasser trinken und sich ausruhen. Und bitte ein paar Tage keine Sonne und keinen Alkohol!

Übungen A

2. 1. Buongiorno, vorrei una confezione di aspirina®. 2. Ecco qui, ma che sintomi ha? 3. Mi fa male la testa. 4. E penso di avere un po' di febbre. 5. Allora Le do questo medicinale. 6. Lo prenda tre volte al giorno.

3. 1. Che sintomi ha? – Mi fa male la testa.
2. Che sintomi ha? – Mi fa male il braccio.
3. Che sintomi ha? – Mi fa male la schiena.
4. Che sintomi ha? – Mi fa male il ginocchio.
5. Che sintomi ha? – Mi fa male il piede.
6. Che sintomi ha? – Mi fa male il petto.

4. 1. Mi gira la testa. 2. Che sintomi ha? 3. Deve riposare. 4. Ha mangiato qualcosa di strano? 5. Ha preso un colpo di sole.

Dialog B

▲ Guten Tag/Morgen, die Dame, nehmen Sie bitte Platz, der Doktor empfängt Sie gleich.
■ Danke. Nur eine Frage: Meine deutsche Krankenversicherung ist doch auch in Italien gültig, oder?
▲ Natürlich! Ah, der Doktor ist frei. Bitte ...
■ Guten Tag/Morgen, Herr Doktor.
● Guten Tag/Morgen, setzen Sie sich. Was kann ich für Sie tun?
■ Gestern ging ich ins Gebirge zum Wandern und als ich zurückkam ... Ich weiß nicht, heute tut mir der Knöchel weh, er ist ganz geschwollen und ich kann nicht gehen.
● Mal sehen. Legen Sie sich auf die Liege. Wo tut es Ihnen weh? Hier?
■ Au, au! Ja, genau hier. Was meinen Sie, ist er gebrochen?
● Nein nein, ich glaube nicht. Wir machen zur Kontrolle ein Röntgenbild, aber es ist sicher nichts Ernstes.
■ Hoffen wir es! Ich bin nämlich genau deshalb nach Italien gekommen, um auf die Monti Sibillini zu gehen ...
● Wahrscheinlich ist es nur eine Zerrung. Inzwischen verschreibe ich Ihnen eine Salbe und ein Schmerzmittel ...

Übungen B

2. 1. – a., 2. – b., 3. – a.

Hörtext:

● Buongiorno, non mi sento bene. Può darmi qualcosa?
■ Certo. Che sintomi ha esattamente?
● Mi sento molto male. Ho mal di testa e la nausea.
■ Ha mangiato qualcosa di strano?
● Beh, ieri sono stato al ristorante e ho mangiato degli spaghetti alle vongole.
■ Allora probabilmente è un'indigestione. Le do questo medicinale. Lo deve prendere due volte al giorno e mangiare leggero.

3. 1. È venuto in Italia per andare sui Monti Sibillini. 2. Hai già installato Skype™, vero? 3. Ho digitato questo numero, ma non funziona. 4. È andata a Roma per quanti giorni? 5. Abbiamo inserito la carta di credito. 6. Hanno bloccato la vostra carta di credito.

4. 1. – b., 2. – d., 3. – e., 4. – f., 5. – c., 6. – a.

Test 2

1. 1. – c., 2. – a., 3. – b., 4. – a., 5. – c., 6. – b.

2. 1. – e., 2. – f., 3. – h., 4. – a., 5. – b., 6. – g., 7. – d., 8. – c.

3. Mögliche Lösungen:

1. Sie sitzen in einem Restaurant und haben Hunger.
■ Ecco il menù. Cosa prende?
● Vorrei un primo. C'è della carne nelle linguine?
■ No. Prende anche un secondo? O un contorno?
● Sì, prendo una cotoletta alla milanese. / No grazie, basta così. E che vino mi consiglia?

2. Sie fragen im Hotel, ob es WLAN gibt.
■ Buonasera, c'è il Wi-Fi in albergo?
● Certo, è gratuito e ha rete in tutto l'albergo.
■ Può darmi la password, per favore?
● E' albergoitalia. Deve scrivere tutto con lettere minuscole.

3. Sie sind auf der Bank wegen eines Problems mit Ihrer Kreditkarte.
■ Buongiorno, mi dica.
● Sono un turista tedesco/austriaco/svizzero e ho un problema con la mia tessera. È che non riesco a prelevare i soldi e il bancomat ha bloccato la tessera.
■ Mah, allora la Sua banca dovrebbe mandarci un'e-mail.
● Va bene ma che devo fare per riavere la mia tessera? Sa, devo pagare l'albergo. / Non ho più soldi.

4. Sie erkundigen sich nach der besten Verbindung z. B. zum Flughafen.

- Scusi, come faccio ad arrivare all'aeroporto/al Museo di arte moderna?
- Prende la metro/l'autobus/il tram. Fa quattro fermate e poi prende il treno.
- Da lì prendo il treno? E dove devo scendere?
- Scende a Fiumicino/a Rebibbia. E poi è vicino.

5. Sie kaufen als Selbstversorger Obst und Gemüse auf einem Markt ein.

- Buongiorno, signori! A chi tocca?
- A me. Vorrei un chilo di pesche/mele/pomodori e anche dei peperoni/dell'uva/un po' d'insalata.
- Va bene così? Ecco a Lei. Altro?
- No, basta così. Quant'è?

6. Sie haben Beschwerden und suchen die nächste Apotheke auf.

- Che sintomi ha esattamente?
- Ho il raffreddore/la nausea e mi fa male la testa/la pancia.
- Probabilmente ha preso un colpo di sole/ha fatto indigestione/ha l'influenza. Ma mi dica, ha mangiato qualcosa di strano/ha fatto qualcosa di speciale oggi?
- No, ma ho preso molto sole/ho mangiato delle cozze ieri sera.

4. 1. Mi può aiutare? 2. Buon appetito! 3. Va bene così? 4. Ha ragione! 5. Il conto, per favore. 6. Purtroppo no. 7. Non c è problema. 8. È piccante?

Alphabetischer Wortschatz
Italienisch – Deutsch

Die Zahl verweist auf die Lektion, in der das Wort zum ersten Mal erscheint. Das Geschlecht der Hauptwörter ist mit *m.* für männlich und *w.* für weiblich angegeben, *Ez.* bedeutet Einzahl und *Mz.* Mehrzahl. Die weibliche Endung der Eigenschaftswörter, Nationalitäts- und Berufsbezeichnungen ist jeweils nach dem Schrägstrich angegeben. Wo diese Angabe fehlt, ist die weibliche Form mit der männlichen identisch. Bei Wörtern, die nicht auf der vorletzten Silbe betont werden und keinen Akzent haben, ist die betonte Silbe unterstrichen. ~ = Eintrag

A

a 2, 4	zu, nach, in, bis	
a piedi 3	zu Fuß	
abbonamento *m.* 10	Abonnement, Dauerkarte	
abbraccio *m.* 9	Umarmung	
abitare 2	wohnen	
accademia *w.* 10	Akademie	
accendino *m.* 9	Feuerzeug	
accomodarsi 12	Platz nehmen, sich setzen	
aceto *m.* 7	Essig	
acqua *w.* 5	Wasser	
acqua gasata *w.* 7	Sprudelwasser	
acqua naturale *w.* 7	stilles Wasser	
adesso 2	jetzt, nun	
aeroporto *m.* 10	Flughafen	
affettati misti *m./Mz.* 7	gemischter Aufschnitt	
affittare 4	mieten	
aggiungere 4	hier: dazustellen	
agosto *m.* 4	August	
agricoltura *w.* 11	Landwirtschaft	
agriturismo *m.* 4	Landhotel	
aiutare 4	helfen	
al (a + il) *m.* 3	zur	
albergo *m.* 4	Hotel	
alcol *m.* 12	Alkohol	
alcuni/-e *m./w./Mz.* 5	einige	
alimentari *m./Mz.* 11	Nahrungsmittel	
aliscafo *m.* 3	Tragflächenboot	
alla (a + la) *w.* 1	zur	

Italiano	Deutsch
allergia *w.* 12	Allergie
allergico/-a *m./w.* (a) 7	allergisch (auf/gegen)
allora 2	also, dann, nun
almeno 10	wenigstens
alta stagione *w.* 4	Hauptsaison
alto/-a *m./w.* 4	hoch, laut
altrimenti 4	ansonsten
altro/-a *m./w.* 5	andere/r
amaro *m.* 7	Bitterlikör
americano/-a *m./w.* 6	amerikanisch, Amerikaner/in
amica *w.* 1	Freundin
amico *m.* 1	Freund
analisi *w.* 12	Analyse, Untersuchung
ananas *m.* 7	Ananas
anche (anch') 1	auch
ancora 3	noch
andare 1	gehen, fahren
angolo *m.* 9	Ecke
anguria *w.* 11	Wassermelone
anno *m.* 2	Jahr
annullare 9	abbrechen, rückgängig machen
antidolorifico *m.* 12	Schmerzmittel
antipasto *m.* 7	Vorspeise
aperitivo *m.* 6	Aperitif
aperto/-a *m./w.* 3	geöffnet
appartamento *m.* 4	Wohnung
appena 10	gerade, kaum
appetito *m.* 6	Appetit
apposta 12	absichtlich, gerade
aprile *m.* 4	April
aprire 3	öffnen
arancia *w.* 7	Orange
architetto *m.* 2	Architekt/in
aria condizionata *w.* 5	Klimaanlage
armadio *m.* 5	Schrank
arrabbiato/-a *m./w.* (all'arrabbiata) 7	böse, verärgert (*mit scharfer Tomatensauce*)
arrivare 3	ankommen
arrivederci 1	auf Wiedersehen

arrivederLa 1	auf Wiedersehen (*formell*)
arrostire 7	braten, grillen
arrosto *m.* 7	Braten
arte *w.* 10	Kunst
ascensore *m.* 5	Lift
asciugamano *m.* 5	Handtuch
aspettare 3	warten
aspirina® *w.* 12	Aspirin®
assaggiare 6	kosten, probieren (*Essen*)
assicurazione *w.* 2	Versicherung
assolutamente 4	unbedingt, völlig
Attenzione! 10	Achtung!, Vorsicht!
attesa *w.* 4	Erwartung, Warten
attimo *m.* 11	Moment
attraversare 3	überqueren
Austria *w.* 2	Österreich
austriaco/-a *m./w.* 2	österreichisch, Österreicher/in
autobus *m.* 3	Bus
autorizzazione *w.* 9	Bevollmächtigung, Genehmigung
avere 2	haben
avvocato *m.* 1	Anwalt/Anwältin
azzurro/-a *m./w.* 11	himmelblau

B

bacio *m.* 1	Kuss
bacione *m.* 9	dicker Kuss
bagagli *m./Mz.* 3	Gepäck
bagno *m.* 7	Bad, Toilette
ballare 6	tanzen
banca *w.* 2	Bank
bancomat *m.* 9	Geldautomat
barattolo *m.* 11	Glas
barra *w.* 8	Schrägstrich (/)
bassa stagione *w.* 4	Nebensaison
basso/-a *m./w.* 4	niedrig, tief, leise
bastare 11	reichen, genug sein
bel, bello/-a *m./w.* 1	schön
bellissimo/-a *m./w.* 7	sehr schön
bene 1	gut (*Umstandswort*)

benissimo 1	sehr gut (*Umstandswort*)	
benvenuto/-a *m./w.* 1	willkommen	
bere 7	trinken	
Berlino 2	Berlin	
bianco/-a *m./w.* 6	weiß	
bicchiere *m.* 5	Glas	
bici(cletta) *w.* 10	Fahrrad	
biglietteria *w.* 10	Fahrkartenschalter	
biglietto *m.* 3	Fahrkarte, Ticket	
binario *m.* 3	Gleis	
birra *w.* 6	Bier	
bisogna ... 12	es ist notwendig zu ...	
bisogno *m.* (avere ~ di) 9	Bedürfnis (brauchen)	
bistecca *w.* 7	Steak	
bloccare 9	blockieren	
blu *m./w.* 11	blau	
bolognese *m./w.* 7	aus Bologna	
Bolzano 9	Bozen	
borsa *w.* 11	Tasche	
bottiglia *w.* 7	Flasche	
bottone *m.* 8	Knopf, Button	
braccio *m.* 12	Arm	
brioche *w.* 6	Brioche	
bruschetta *w.* 7	geröstetes, mit Tomaten belegtes Brot	
brutto/-a *m./w.* 10	hässlich, hier: schlecht	
Buon appetito! 6	Guten Appetit!	
buon, buono/-a *m./w.* 1	gut	
Buon viaggio! 1	Gute Reise!	
Buonanotte! 5	Gute Nacht!	
Buonasera! 1	Guten Abend!	
Buongiorno! 1	Guten Tag/Morgen!	
buonissimo/-a *m./w.* 7	sehr gut	
busta *w.* 9	Briefumschlag, Kuvert	

C

c'è 1	es gibt	
cadere 12	fallen	
caffè *m.* 6	Kaffee (*Espresso*)	
caffè americano *m.* 6	Filterkaffee	
caffè corretto *m.* 6	Espresso mit einem Schuss Alkohol	
caffè decaffeinato *m.* 6	entkoffeinierter Kaffee	
caffè freddo *m.* 6	kalter Kaffee	
caffè haag *m.* 6	entkoffeinierter Kaffee	
caffè lungo *m.* 6	Kaffee (*lang = mit viel Wasser*)	
caffè macchiato *m.* 6	Espresso mit Milchschaum	
caffè shakerato *m.* 6	mit Eis gemixter Espresso	
caffellatte *m.* 6	Milchkaffee	
calcio *m.* 10	Fußball	
caldo/-a *m./w.* (fa caldo) 5	warm, heiß (es ist warm/heiß)	
calmante *m.* 12	Beruhigungsmittel	
calze *w./Mz.* 11	Socken	
cambiare 3	umsteigen	
camera *w.* 4	Zimmer	
camera doppia *w.* 4	Doppelzimmer	
camera matrimoniale *w.* 4	Zimmer mit Doppelbett	
camera singola *w.* 4	Einzelzimmer	
camerino *m.* 11	Umkleidekabine	
camicia *w.* 11	Hemd	
camminare 12	gehen, laufen	
campeggiare 5	campen	
camper *m.* 5	Wohnmobil	
camping *m.* 4	Campingplatz	
cane *m.* 12	Hund	
cannelloni *m./Mz.* 7	Cannelloni (*große Röhrennudeln*)	
cantina *w.* 11	Weinkeller, Kantine	
capire 4	verstehen	
capolinea *m.* 10	Endhaltestelle	
cappuccino *m.* 6	Cappuccino	
carissimo/-a *m./w.* 7	sehr teuer	
carne *w.* 7	Fleisch	
caro/-a *m./w.* 4	teuer	

carpaccio *m.* 7	Carpaccio (*rohes, dünn geschnittenes Rindfleisch*)
carta *w.* 5	Karte, Ausweis, Papier
carta d'identità *w.* 5	Personalausweis
carta di credito *w.* 5	Kreditkarte
carta igienica *w.* 5	Toilettenpapier
cartine *w./Mz.* 9	Zigarettenpapier
cartolina *w.* 9	Postkarte
casa *w.* 4	Haus
casalinga *w.* 2	Hausfrau
cassa *w.* 6	Kasse
caviglia *w.* 12	Knöchel
celere *m./w.* 9	Express
cellulare *m.* 4	Handy
cento 4	(ein)hundert
centrale *m./w.* 10	zentral
centro *m.* 4	Zentrum, Innenstadt
cercare 3	suchen
certo/-a *m./w.* 4	sicher
che 5; 9	(der,) welcher; dass
Che? 2	Was?, Was für ein/e?, Welche/r?
Che cos'è? 6	Was ist das?
Che peccato! 6	Wie schade!
Chi? 1	Wer?
chiamare 5	(an)rufen
chiamarsi 2	heißen, sich nennen
chiave *w.* 5	Schlüssel
chiavetta USB *w.* 8	USB-Stick
chiedere 3	fragen, bitten
chiesa *w.* 6	Kirche
chilo *m.* 11	Kilo
chiocciola *w.* 4	at (@)
chiudere (chiudersi) 3, 5	schließen, zumachen (sich schließen)
chiuso/-a *m./w.* 3	geschlossen
ci 1, 6	uns; hier, dort(hin)
Ci vuole ... 6	Man braucht ... (*zeitlich*)
ciao 1	hallo, grüß dich, tschüss
cima *w.* 7	Gipfel, Spitze

cime di rapa *w./Mz.* 7	Rübenspitzen	
cinema *m.* 6	Kino	
cinquanta 4	fünfzig	
cinque 7	fünf	
cintura *w.* 11	Gürtel	
città *w.* 2	Stadt	
civico/-a *m./w.* 9	städtisch, Stadt-	
cliccare 8	klicken	
codice *m.* 9	Code, Geheimzahl	
codice IBAN *m.* 9	IBAN-Code	
colazione *w.* 5	Frühstück	
collega *m./w.* 1	Kollege/in	
collegamento *m.* 9	Verbindung	
collegare 8	verbinden	
Colonia 2	Köln	
colore *m.* 8	Farbe	
colpo *m.* 12	Schlag, Stoß	
colpo di sole *m.* 12	Sonnenstich	
coltello *m.* 7	Messer	
Come? 1	Wie?	
Come sta? 1	Wie geht es Ihnen?	
Come stai? 1	Wie geht's dir?	
Come va? 1	Wie geht es dir/Ihnen?	
cominciare 8	beginnen, anfangen	
commerciante *m./w.* 2	Händler/in	
commesso/-a *m./w.* 2	Verkäufer/in	
compagna *w.* 1	Lebensgefährtin	
compagno *m.* 1	Lebensgefährte	
completo/-a *m./w.* 5	komplett	
comprare 3	kaufen	
compreso/-a *m./w.* 5	inbegriffen	
computer *m.* 6	Computer	
con 2	mit	
concerto *m.* 6	Konzert	
conferma *w.* 4	Bestätigung	
confermare 9	bestätigen	
confezione *w.* 12	Packung	
connessione *w.* 8	Verbindung	
conoscenza *w.* 2	Kenntnis	

consigliare 7	empfehlen
contatto *m.* 1	Kontakt
conto *m.* 5, 9	Rechnung, Konto
contorni *m./Mz.* 7	Beilagen
contro 12	gegen
controllare 8	kontrollieren, überprüfen
controllore *m.* 3	Schaffner
convento *m.* 5	Kloster
coperta *w.* 5	Decke
cordiale *m./w.* 4	herzlich
cornetto *m.* 6	Hörnchen
correggere 9	korrigieren
correttamente. 8	korrekt, richtig (*Umstandswort*)
corretto/-a *m./w.* 6	korrekt, richtig
corriere *m.* 10	Kurier
corso *m.* 10	Prachtstraße
cortesia *w.* 5	Höflichkeit
corto/-a *m./w.* 11	kurz
Cosa? 6	Was?
così (così così) 1	so (so lala)
costare 4	kosten
cotoletta *w.* 7	Kotelett
cotto/-a *m./w.* 7	gekocht
cozza *w.* 4	Miesmuschel
cravatta *w.* 11	Krawatte
credito *m.* 5	Kredit
crostini *m./Mz.* 7	knusprige Kleinigkeiten
cucchiaio *m.* 7	Löffel
cucina *w.* 7	Küche
cuffie *w./Mz.* 8	Köpfhörer
cuocere 7	kochen
cuscino *m.*	Kissen

D

da (- bere) 3, 6	von, aus, bei, seit, zu (zu trinken)
da solo/-a *m./w.* 2	alleine
Dai! 6	Komm schon!
dal (da + il) 3	vom

dare 1	geben	
dare del Lei 1	siezen	
dare del tu 1	duzen	
dare un'occhiata 11	schauen, einen Blick werfen	
davanti 6	vor (*räumlich*)	
davvero 7	wirklich, tatsächlich	
debole 8	schwach	
dedicare 6	widmen	
dedicato/-a *m./w.* 6	gewidmet	
dei (di + i) *m./Mz.* 3	von den	
del (di + il), dell' (di + l') 1	vom, aus dem	
dello (di + lo) 3	vom, aus dem	
dente *m.* 12	Zahn	
dentista *m./w.* 12	Zahnarzt, Zahnärztin	
desiderare 5	wünschen	
destinazione *w.* 9	Bestimmungsort	
destra (a ~) 6	rechts (nach rechts)	
di 1	von, aus	
Di che colore? 11	In welcher Farbe?	
Di dove? 2	Woher?	
di niente 2	bitte sehr	
di sicuro 12	sicherlich	
diarrea *w.* 12	Durchfall	
dicembre *m.* 4	Dezember	
diciannove 4	neunzehn	
diciassette 4	siebzehn	
diciotto 4	achtzehn	
dieci 3	zehn	
dietro 9	hinter	
digestivo *m.* 7	Digestif	
digitare 8	eingeben (*z. B. Geheimzahl*)	
dire 8	sagen	
direzione *w.* 10	Richtung	
discoteca *w.* 6	Diskothek	
dispiacere 1	missfallen, leidtun	
diverso/-a *m./w.* 6	verschieden	
divorziato/-a *m./w.* 2	geschieden	
doccia *w.* 5	Dusche	
documento *m.* 5	Ausweis, Dokument	

dodici 7	zwölf
dolce *m.* 7	Nachtisch
dolce *m./w.* 7	süß
domanda *w.* 8	Frage
domani 5	morgen
domenica *w.* 5	Sonntag
dopo 8, 12	danach, nach (*zeitlich*)
doppio/-a *m./w.* 4	doppelt
dormire 12	schlafen
Dottore (Dott.) *m.* 1, 11	Doktor (Dr.), Arzt
Dottoressa (Dott.ssa) *w.* 1, 11	Doktor (Dr.), Ärztin
Dove? 2	Wo?, Wohin?
Dov'è? 3	Wo ist?
dovere 3	müssen
dritto 6	geradeaus
due 2	zwei
dunque 3	also
duomo *m.* 3	Dom

E

e, ed 1, 4	und
ecco 1	hier ist
eco *w.* 8	Echo
edicola *w.* 3	Kiosk
elegante *m./w.* 11	elegant
e-mail *w.* 4	E-Mail
ente m. 4	Einrichtung, Stelle
esattamente 12	genau (*Umstandswort*)
esatto/-a *m./w.* 5	exakt, genau
esaurito/-a *m./w.* 5	ausgebucht
essere 1	sein
essere in vacanza 2	im Urlaub sein
estate *w.* 9	Sommer
esterno/-a *m./w.* 9	äußere/r, Außen-
etto *m.* 11	100 Gramm
euro m. 4	Euro

F

famiglia *w.* 9	Familie
fare 2	machen, tun
fare conoscenza 2	sich kennenlernen
fare delle analisi 12	Untersuchungen machen
fare lo scontrino 6	(be)zahlen
fare lo spelling 4	buchstabieren
fare male 12	weh tun
fare spese 11	einkaufen gehen (*Kleidung, Geschenke etc.*)
farmacia *w.* (- di turno) 12	Apotheke (diensthabende Apotheke)
farmacista *m./w.* 12	Apotheker/in
fatto/-a *m./w..* 4	gemacht
febbraio 4	Februar
febbre *w.* 12	Fieber
fermare 3	halten
fermata *w.* 3	Haltestelle
ferrovia *w.* 3	Eisenbahn
festa *w.* 6	Fest
fetta *w.* 11	Stück
fiammiferi *m./Mz.* 9	Streichhölzer
fianco (di -) 6	neben
fidanzata *w.* 1	Verlobte
fidanzato *m.* 1	Verlobter
fidanzato/-a *m./w.* 2	verlobt
figli *m./Mz.* 2	(eigene) Kinder, Söhne
filtro *m.* 9	Filter
finalmente 8	endlich (*Umstandswort*)
finestra *w.* 5	Fenster
finire 3	aufhören, beenden
fino (a) 4	bis (zu)
fiore *m.* 11	Blume
fiorentino/-a *m./w.* 7	florentinisch
Firenze 2	Florenz
firmare 5	unterschreiben
fisso/-a *m./w.* 8	fest, fix
forchetta *w.* 7	Gabel
formaggio *m.* 6	Käse

forse 9	vielleicht	
forte *m./w.* 4	laut, stark	
fortuna *w.* 1	Glück	
foulard *m.* 11	Hals-/Kopftuch	
fra 3	in (*zeitlich*)	
francese *m./w.* 2	französisch, Franzose/Französin	
Francia *w.* 2	Frankreich	
francobollo *m.* 9	Briefmarke	
Francoforte 2	Frankfurt	
fratelli *m./Mz.* 2	Brüder, Geschwister	
fratello *m.* 1	Bruder	
freddo/-a *m./w.* (fa freddo) 6	kalt (es ist kalt)	
friggere 7	frittieren	
fritto/-a *m./w.* 7	frittiert	
fronte *w.* (di -) 3	Vorderseite (gegenüber)	
frutta *w.* 7	Frucht, Obst	
fruttivendolo *m.* 11	Obsthändler	
fungo *m.* 7	Pilz	
funicolare *w.* 3	Schienenseilbahn	
funzionare 5	funktionieren	

G

gamba *w.* 12	Bein	
gelato *m.* 6	Eis	
genitori *m./Mz.* 2	Eltern	
gennaio *m.* 4	Januar	
Genova 3	Genua	
gentile *m./w.* 4	freundlich, nett, sehr geehrte/r	
Germania *w.* 2	Deutschland	
già 8	schon	
giacca *w.* 11	Jacke, Sakko	
giallo *m.* 11	Krimi	
giallo/-a *m./w.* 11	gelb	
giardino *m.* 4	Garten	
ginocchio *m.* 12	Knie	
giornalaio *m.* 11	Zeitschriftenhändler	
giornale *m.* 9	Zeitung	
giornaliero/-a *m./w.* 10	täglich, Tages-	

giornata 1	Tag *(in seinem Verlauf)*	
giorno *m.* 4	Tag	
giovedì 5	Donnerstag	
girare 6, 11	abbiegen, drehen	
giro *m.* 3	Drehung, Rundfahrt, Tour	
giugno *m.* 4	Juni	
giusto/-a *m./w.* 6	richtig	
gnocchi *m./Mz.* 7	Gnocchi (*Kartoffelklößchen*)	
gola *w.* 12	Hals	
gonfio/-a *m./w.* 12	geschwollen	
gonna *w.* 11	Rock	
grammo *m.* 11	Gramm	
grande *m./w.* 5	groß	
grappa *w.* 7	Grappa (*Branntwein*)	
gratuito/-a *m./w.* 8	kostenlos, gratis	
grave *m./w.* 12	ernst, ernsthaft, schlimm	
grazie 1	danke	
grazie mille 4	tausend Dank	
Grecia *w.* 2	Griechenland	
grigio/-a *m./w.* 11	grau	
grigliare 7	grillen	
grigliato/-a *m./w.* 7	gegrillt	
grucce *w./Mz.* 5	Kleiderbügel	
guanti *m./Mz.* 11	Handschuhe	
guida m./w. 11	Reiseführer/in (*Person*)	
guida turistica *w.* 11	Reiseführer (*Buch*)	

H

hotspot *m.* 8	Hotspot (*WLAN*)	

I

identità *w.* 5	Identität	
ieri 5	gestern	
igienico/-a *m./w.* 5	hygienisch	
il *m.* 1	der (*Artikel*)	
impiegato/-a *m./w.* 2	Angestellte/r	
importare *m./w.* 3	wichtig	
importare 3	wichtig sein	

imprenditore *m.* 2	Unternehmer	
in 2	in, nach	
in contanti 5	in bar	
in fondo 7	hinten	
in orario 3	pünktlich	
in ritardo 3	verspätet	
incluso/-a *m./w.* 5	inbegriffen	
incrocio *m.* 6	Kreuzung	
indietro 6	zurück	
indirizzo *m.* (~ e-mail) 4	Adresse (E-Mail-Adresse)	
infermiere/-a *m./w.* 12	Krankenpfleger/-schwester	
influenza *w.* 12	Grippe	
informatico *m.* 2	Informatiker/in	
informazione *w.* 3	Information	
ingegnere *m.* 1	Ingenieur/in	
ingessare 12	eingipsen	
Inghilterra *w.* 2	England	
inglese *m./w.* 2	englisch, Engländer/in	
insalata *w.* 6	Salat	
insegnate *m./w.* 2	Lehrer/in	
inserire 9	eingeben, einführen	
insomma 12	also, wie auch immer	
intanto 12	inzwischen	
intasato/-a *m./w.* 5	verstopft	
interessante *m./w.* 6	interessant	
interesse *m.* 5	Interesse	
Internet *m.* 4	Internet	
Internet caffè *m.* 8	Internetcafé	
intervento *m.* 9	*hier:* Störung	
introdurre (introdotto) 8	eingeben (eingegeben) (*z. B. Passwort*)	
invece 7	hingegen, stattdessen	
io 1	ich	
Italia *w.* 1	Italien	
italiano/-a *m./w.* 1	italienisch, Italiener/in	

J

jeans *m./Mz.* 11	Jeans	

L

là 3	da, dort
la *w./Ez.* 1	die (*Artikel*)
La *Ez.* 4	Sie
lampada *w.* 5	Lampe
largo/-a *m./w.* 11	weit
lasagne *w./Mz.* 7	Lasagne (*Nudelplatten*)
lasciare 5	(ver)lassen, auschecken
latte *m.* 6	Milch
latte macchiato *m.* 6	Espresso im Glas mit viel Milch
lavorare 2	arbeiten
lavoro *m.* 2	Arbeit
le *w./Mz.* 3	die (*Artikel Mehrzahl*), sie
Le *Mz.* 1	Sie, Ihnen
leggero/-a *m./w.* 12	leicht
Lei *Ez.* 1	Sie
lei *w.* 2	sie
lentamente 4	langsam (*Umstandswort*)
lento/-a *m./w.* 4	langsam
lenzuolo *m.* 5	Bettlaken
lettera *w.* (~ minuscola) 9	Buchstabe, Brief (Kleinbuchstabe)
lettino *m.* 4, 12	Kinderbett, Liege
letto *m.* 5	Bett
lettore MP3 *m.* 8	MP3-Player
lì 3	da, dort
liberarsi 5	frei werden
libero/-a *m./w.* 2	frei
libro *m.* 11	Buch
libro di cucina *m.* 11	Kochbuch
lieto/-a *m./w.* 1	froh
lilla *m./w.* 11	lila
limoncello *m.* 7	Zitronenlikör
limone *m.* 7	Zitrone
linea *w.* 10	Linie
linguine *w./Mz.* 7	Linguine (*Nudelsorte*)
litro *m.* 7	Liter
lo 1	der (*Artikel*), ihn, es (*Personalpronomen*)

locale *m.* 6	Lokal	
lontano/-a *m./w.* (da) 3	weit (von)	
loro *Mz.* 8	sie	
luglio *m.* 4	Juli	
lui 2	er	
lunedì *m.* 5	Montag	
lungo/-a *m./w.* 4	lang	

M

ma 1	aber	
macchiato/-a *m./w.* 6	fleckig	
macchina *w.* 5	Auto	
macedonia *w.* 7	Obstsalat	
macellaio *m.* 11	Fleischer	
macelleria *w.* 11	Fleischerei	
magari 10	vielleicht	
maggio *m.* 4	Mai	
maglietta *w.* 11	T-Shirt	
maglione *m.* 11	Pullover	
Magonza 2	Mainz	
mal *m.* (- di testa) 12	Schmerz (Kopfschmerzen)	
malato/-a *m./w.* 1	krank	
male 1	schlecht (*Umstandswort*)	
Mamma mia! 10	Du meine Güte!	
mandare 4	schicken	
mangiare 7	essen	
mano *w.* 1	Hand	
mappa *w.* 10	Plan, Landkarte	
mare *m.* 5	Meer	
marito *m.* 1	Ehemann	
marittimo/-a *m./w.* 10	Meeres-	
marmellata *w.* 11	Marmelade	
marrone *m./w.* 11	braun	
martedì *m.* 5	Dienstag	
marzo *m.* 4	März	
me 6	mir, mich (*betonte Form*)	
media *w.* 7	großes Bier	
medicinale *m.* 12	Medikament	
medico *m.* 2	Arzt/Ärztin	

meglio 8	besser (*Umstandswort*)
mela *w.* 7	Apfel
melone *m.* 7	(Honig-)Melone
meno 3	weniger, minus (-)
mensile *m./w.* 10	monatlich, Monats-
menù *m.* 7	Speisekarte
mercato *m.* 10	Markt
mercoledì *m.* 5	Mittwoch
metro *w.* (oder metrò *m.*) 3	U-Bahn, Metro (*Kurzform*)
metropolitana *w.* 3	U-Bahn, Metro
mezza *w.* 3	Hälfte, halbe (Stunde)
mezza pensione *w.* 4	Halbpension
mezza stagione *w.* 4	Vor- oder Nachsaison
mezzanotte *w.* 3	Mitternacht
mezzo/-a *m./w.* 7	halb
mezzogiorno *m.* 3	Mittag
mi 1	mir, mich
Mi dispiace. 1	(Es) tut mir leid.
Mi piace ... 6	Mir gefällt ..., Ich mag ...
Mi raccomando! 12	Ich möchte sehr darum bitten!, Denken Sie daran!
microfono *m.* 8	Mikrofon
migliorare 10	besser werden, verbessern
milanese *m./w.* 7	mailändisch
Milano 3	Mailand
mille 4	tausend
minestrone *m.* 7	Gemüsesuppe
minuto *m.* 3	Minute
mio/-a *m./w.* 1	mein/e
misto/-a *m./w.* 7	gemischt
moda *w.* 11	Mode
moglie *w.* 1	Ehefrau
molto 1	sehr, viel
molto/-a *m./w.* 12	viel/e
Molto lieto/-a. *m./w.* 1	Sehr erfreut.
Molto piacere. 1	Sehr erfreut.
momento *m.* 8	Moment, Augenblick
Monaco 2	München
montagna *w.* 12	Gebirge

mordere 12	beißen	
morso 12	gebissen	
municipale *m./w.* 10	städtisch, Stadt-	
municipio *m.* 10	Rathaus, Stadtverwaltung	
museo *m.* 6	Museum	

N

Napoli 3	Neapel	
nausea *w.* 12	Übelkeit	
nazionale *m./w.* 4	national	
ne 5	davon	
nebbia *w.* 10	Nebel	
negozio *m.* 2	Geschäft	
nel (in + il) 5	im	
nero/-a *m./w.* 8	schwarz	
nevicare 10	schneien	
niente (~ di speciale) 2, 12	nichts (nichts Besonderes)	
no 2	nein	
noi 3	wir	
noleggiare 10	ausleihen, mieten	
nome *m.* 4	Name	
non 1	nicht	
Non si preoccupi! 3	Machen Sie sich keine Sorgen!	
Non so! 6	Ich weiß nicht!	
nonna *w.* 2	Oma, Großmutter	
nonni *m./Mz.* 2	Großväter, Großeltern	
nonno *m.* 2	Opa, Großvater	
normale *m./w.* 9	normal	
normalmente 8	normalerweise (*Umstandswort*)	
nostro/-a *m./w.* 1	unser/e	
notte *w.* 4	Nacht	
novanta 4	neunzig	
nove 7	neun	
novembre *m.* 4	November	
numero *m.* 4, 11	Nummer, Schuhgröße	
nuvoloso/-a *m./w.* 10	bewölkt	

O

o 3	oder	
obliterare 10	entwerten	
occhiata *w.* 11	Blick	
occupato/-a *m./w.* 1, 5	beschäftigt, belegt	
Oddio! 5	Oh Gott!	
offrire 6	anbieten	
Offro io! 6	Ich lade ein!	
oggi 3	heute	
Olanda 2	Holland	
olio *m.* 7	Öl	
operaio/-a *m./w.* 2	Arbeiter/in	
operare 12	operieren	
operatore *m.* 9	Operator	
oppure 7	oder	
ora 8	jetzt, nun	
orario *m.* 3	Fahrplan	
ordinare 7	bestellen	
ordinario/-a *m./w.* 9	normal, gewöhnlich	
orecchiette *w./Mz.* 7	Orecchiette (*Nudeln in Öhrchenform*)	
ospedale *m.* 12	Krankenhaus	
ossobuco *m.* 7	Ossobuco (*geschmorte Kalbshaxe*)	
ostello *m.* 4	Jugendherberge	
osteria *w.* 7	einfaches Gasthaus	
ottimo/-a *m./w.* 7	optimal, hervorragend	
otto 7	acht	
ottobre *m.* 4	Oktober	

P

pacchetto *m.* 9	Päckchen	
pacco *m.* 9	Paket	
pagare 5	(be)zahlen	
pagina *w.* 8	Seite	
paio *m.* 5	Paar	
palazzo *m.* 10	Palast	
pancia *w.* 12	Bauch	
pane *m.* 7	Brot	
panettiere *m.* 11	Bäcker	

panificio *m.* 11	Bäckerei
panino *m.* 6	belegtes Brötchen
panna *w.* 7	Sahne
panna cotta *w.* 7	Pannacotta (*Dessert aus gekochter Sahne, Zucker und Vanillearoma*)
pantaloni *m./Mz.* 11	Hose
parallela *w.* 6	Parallelstraße
parcheggio *m.* 4	Parkplatz
parco *m.* 10	Park
parlamento *m.* 10	Parlament
parlare 4	sprechen
partire 3	(ab)fahren
passaporto *m.* 5	Reisepass
passeggiata *w.* 1	Spaziergang
pasta *w.* 6, 11	Gebäck, Nudeln
patata *w.* 7	Kartoffel
patatine fritte *w./Mz.* 7	Pommes frites
peccato *m.* 6	Sünde, *hier:* schade
pecorino *m.* 11	Pecorino (*Schafskäse*)
peggiorare 10	schlechter werden, (sich) verschlechtern
penne *w./Mz.* 7	Penne (*kurze Röhrennudeln*)
pensare 11	denken
pensionato/-a *m./w.* 2	Rentner/in
pensione *w.* 4	Pension
pensione completa *w.* 5	Vollpension
pepe *m.* 7	Pfeffer
peperone *m.* 11	Paprika
per 2, 4, 12	für, per, um zu
per cortesia 5	bitte
per favore 4	bitte
Per me ... 6	Für mich ...
pera *w.* 7	Birne
perdere (perso) 9	verlieren (verloren)
perfetto/-a *m./w.* 4	perfekt
però 2	aber
persona *w.* 5	Person
pesante *m./w.* 7	schwer (*Gewicht*)

pesca *w.* 11	Pfirsich
pesce *m.* 7	Fisch
pesto *m.* 7	Pesto (*Pastasauce aus Basilikum, Olivenöl und Pinienkernen*)
petto *m.* 12	Brust
pezzo *m.* 11	Stück
piacere 5	gefallen
piacere *m.* 1	Vergnügen
piano m. 5	Stockwerk
piatto *m.* 7	Gericht, Teller
piazza *w.* 3	Platz
piccante *m./w.* 7	scharf
piccolo/-a *m./w.* 7	klein
piede *m.* 3	Fuß
piovere 10	regnen
piste ciclabili *w./Mz.* 10	Radwege
più 3	mehr, plus (+)
pizza *w.* 7	Pizza
pizzeria *w.* 4	Pizzeria
po' (poco/-a) 1	bisschen
poi 3	dann, nachher
polacco/-a *m./w.* 2	polnisch, Pole/Polin
polenta *w.* 6	Polenta
Polonia *w.* 2	Polen
pomata *w.* 12	Pomade, Salbe
pomeriggio *m.* 12	Nachmittag
pomodoro *m.* 7	Tomate
ponte *m.* 6	Brücke
porgere 4	geben, reichen
porta *w.* 5	Tür
portare 7, 11	bringen, tragen (*auch Kleidung*)
porto *m.* 10	Hafen
Portogallo *m.* 2	Portugal
posacenere *m.* 5	Aschenbecher
possibile *m./w.* 4	möglich
posta *w.* 6	Post
posto *m.* (a ~) 5, 9	Platz (in Ordnung)
potere 3	können, dürfen
preferire 6	lieber mögen, vorziehen

prefisso *m.* 8	Vorwahl	
prego 2	bitte sehr	
prelevare 9	abheben, ziehen (*Geld*)	
premere 9	drücken	
prendere 3	nehmen	
prendere il sole 12	sich sonnen	
prenotare 4	reservieren	
prenotazione w. 5	Reservierung	
preoccuparsi 5	sich Sorgen machen	
preparare 5	vorbereiten	
prescrivere 12	verschreiben	
presentare 1	vorstellen	
pressione *w.* 12	Druck, Blutdruck	
prezzo *m.* 5	Preis	
prima (di) 12	vor (zeitlich)	
primo *m.* 7	erster Gang	
primo/-a *m./w.* 1	erste/r	
probabilmente 12	wahrscheinlich (*Umstandswort*)	
problema *m.* 4	Problem	
pronto 1	hallo (am Telefon)	
pronto/-a *m./w.* 12	bereit, fertig	
pronto soccorso *m.* 12	Erste-Hilfe-Station	
proprio 9	ausgerechnet, direkt, gerade, genau	
prosciutto *m.* 6	Schinken	
prossimo/-a *m./w.* 1	nächste/r	
provare 3	(an)probieren, versuchen	
provvedere 7	besorgen, versorgen	
pub *m.* 6	Kneipe, Pub	
pungere 12	stechen	
puntino *m.* 4	Pünktchen	
punto 12	gestochen	
punto *m.* 8	Punkt	
punto Internet *m.* 8	Internetcafé	
pure 10	doch, nur, ruhig, auch	
purtroppo 3	leider	

Q

qua 3	hier
Qual? 4	Welche/r?
Qual è ...? 4	Welcher/Wie ist ...?
qualche (- volta) 9	einige (ab und zu, manchmal)
qualcosa 12	etwas
qualcuno/-a *m./w.* 5	jemand
quando 10	wenn
Quando? 3	Wann?
Quanto/-a? *m./w.* 2	Wie viel/e?
Quanto costa? 4	Wie viel kostet (es)?
quartiere *m.* 10	Stadtviertel
quarto *m.* (- litro) 3, 7	Viertel (Viertelliter)
quattordici 4	vierzehn
quattro 3	vier
quel, quello/quella/quelli/quelle 7	diese/r (da), jene/r
questo/questa/questi/queste 1	diese/r
qui 2	hier
quindici 4	fünfzehn

R

raccomandarsi 12	bitten
raccomandato/-a *m./w.* 9	eingeschrieben (*Post*)
radiografia *w.* 12	Röntgenaufnahme
raffreddore *m.* 12	Erkältung
ragazza *w.* 1	(feste) Freundin, Mädchen, junge Frau
ragazzo *m.* 1	(fester) Freund, Junge, junger Mann
ragione *w.* (Ha -!) 7	Vernunft (Sie haben recht!)
ragù *m.* 7	Ragout (*Fleischsauce*)
rapa *w.* 7	Rübe
rappresentante *m./w.* 2	Vertreter/in
ravioli *m./Mz.* 7	Ravioli (*gefüllte Teigtaschen*)
reale *m./w.* 10	königlich
reception *w.* 5	Rezeption, Empfang
regola *w.* 9	Regel

restituire 9	zurückgeben	
resto *m.* 10	Rest	
rete *w.* 8	Netz	
retro *m.* 5	Rückseite	
riavere 9	wiederhaben	
riccio di mare *m.* 12	Seeigel	
ricetta *w.* 6	Rezept	
ricevere 9, 12	erhalten, bekommen, empfangen	
ricotta *w.* 7	Ricotta (*quarkähnlicher Frischkäse*)	
rimanere 5	bleiben	
ringraziare 5	danken	
rione *m.* 10	Stadtviertel	
ripartire 5	abreisen	
ripetere 4	wiederholen	
riposare 12	sich ausruhen	
riposo *m.* 12	Ruhe	
riprovare 8	noch einmal versuchen	
riscaldamento *m.* 5	Heizung	
risolvere 8	lösen (*z. B. Problem*)	
risotto *m.* 7	Reisgericht	
risposta *w.* 4	Antwort	
ristorante *m.* 4	Restaurant	
ritardo *m.* 3	Verspätung	
ritirare 3, 9	abholen, entnehmen	
ritiro bagagli *m.* 3	Gepäckabholung	
riuscire 12	gelingen	
rivista *w.* 9	Zeitschrift	
Roma 1	Rom	
romano/-a *m./w.* 7	römisch	
rompere 12	brechen	
rosso/-a *m./w.* 6	rot	
rotto/-a *m./w.* 12	gebrochen	
roulotte *w.* 5	Wohnwagen	

S

sabato *m.* 5	Samstag	
sagra *w.* 6	Volksfest, Kirchweih	
sala *w.* 3	Saal	

sala d'aspetto *w.* 3	Wartesaal
salame *m.* 11	Salami
salato/-a *m./w.* 7	versalzen
sale *m.* 7	Salz
salumeria *w.* 11	Wurstgeschäft
salumiere *m.* 11	Wurstmetzger
salute *w.* 12	Gesundheit
saluto *m.* 4	Gruß
salve 1	hallo, grüß dich
san, santo/-a *m./w.* 10	heilig
sanitario/-a *m./w.* 12	Gesundheits-
sapere 1	wissen
sbagliarsi 9	sich irren
sbagliato/-a *m./w.* 9	falsch
scarpe *w./Mz.* 11	Schuhe
scatoletta *w.* 11	Dose
scendere 3	aussteigen
scheda *w.* 8	Karte
scheda SIM *w.* 8	SIM-Karte
schermo *m.* 8	Bildschirm
schiena *w.* 12	Rücken
sciacquone *m.* 5	Wasserspülung
sciarpa *w.* 11	Schal
sciopero *m.* 10	Streik
scontrino *m.* 6	Quittung
scottarsi 12	sich verbrennen
scritto/-a *m./w.* 8	geschrieben
scrivere 4	schreiben
Scusi! 2	Verzeihen Sie!, Entschuldigung!
se 4	wenn, ob
secondo (~ me) 11	nach, gemäß (meiner Meinung nach)
secondo/-a *m./w.* 5	zweite/r
secondo *m.* 7	zweiter Gang
sedia *w.* 5	Stuhl
sedici 6	sechzehn
segretaria *w.* 2	Sekretärin
segreto/-a *m./w.* 9	geheim, heimlich

sei 7	sechs	
semaforo *m.* 6	Ampel	
sembrare (mi sembra) 11	scheinen (mir scheint)	
sempre 10	immer	
Senta! 8	Hören Sie!	
Senti! 7	Hör (mal)!	
sentiero *m.* 11	(Wander-)Weg	
sentire 7	fühlen, hören, riechen	
senza 9	ohne	
separato/-a *m./w.* 2	getrennt	
sera *w.* 6	Abend	
serata *w.* 1	Abend (*in seinem Verlauf*)	
serpente *m.* 12	Schlange	
servire 5	(be)dienen, servieren	
servizio *m.* 12	Dienst, Service	
sessanta 4	sechzig	
settanta 4	siebzig	
sette 3	sieben	
settembre *m.* 4	September	
settimana *w.* 6	Woche	
settimanale *m./w.* 10	wöchentlich, Wochen-	
si 4, 5	man, sich	
sì 2	ja	
Si accomodi! 12	Machen Sie es sich bequem!, Nehmen Sie Platz!	
sicuro/-a *m./w.* 9	sicher	
sigaretta *w.* 9	Zigarette	
sigaro *m.* 9	Zigarre	
signor ... *m.* 1	Herr ...	
signora *w.* 1	Frau ..., meine Dame	
signore *m.* 1	mein Herr	
signori *m./Mz.* 5	Herren, Herrschaften	
signorina *w.* 1	Fräulein	
sinistra (sulla ~), (a ~) 5, 6	links (auf der linken Seite), (nach links)	
sintomo *m.* 12	Symptom	
sms *m.* 8	SMS	
soccorso *m.* 12	Hilfe	

sogliola *w.* 7	Seezunge	
soldi *m./Mz.* 9	Geld	
sole *m.* 10	Sonne	
solo 6	nur	
sonnifero *m.* 12	Schlafmittel	
soprattutto 12	vor allem	
sorbetto *m.* 7	Sorbet	
sorella *w.* 1	Schwester	
spaghetti *m./Mz.* 7	Spaghetti	
spaghetti alla norcina *m./Mz.* 7	Spaghetti mit einer Sauce aus Wurst, Zwiebeln und Sahne	
Spagna *w.* 2	Spanien	
spagnolo/-a *m./w.* 2	spanisch, Spanier/in	
specchio *m.* 5	Spiegel	
speciale *m./w.* 7	speziell, besonders	
specialità *w.* 7	Spezialität	
spedire 9	schicken, versenden	
spelling *m.* 4	Buchstabieren	
sperare 9	hoffen	
spesa *w.* 11	Ausgabe (*Geld*), Einkauf	
spettacolo *m.* 6	Vorstellung	
spezzatino *m.* 7	Frikassee	
spiaggia *w.* 4	Strand	
sportello *m.* 9	Schalter (*Bank, Post usw.*)	
sportivo/-a *m./w.* 10	Sport-	
sposato/-a *m./w.* 2	verheiratet	
spremuta *w.* 6	frisch gepresster Fruchtsaft	
squadra *w.* 10	Mannschaft	
stadio *m.* 10	Stadion	
stagionare 11	lagern, reifen	
stagionato/-a *m./w.* 11	gelagert, gereift	
stamattina 5	heute Morgen	
stanco/-a *m./w.* 1	müde	
stanotte 5	heute Nacht	
stanza *w.* 4	Zimmer	
stare (Come sta?) 1, 11	sein, bleiben, sich befinden, stehen (Wie geht es Ihnen?)	
stare a riposo 12	sich ausruhen	

stasera 5	heute Abend
stato *m.* 3	Staat
stazione *w.* 3	Bahnhof, Halt, Haltestelle, Stand
stella *w.* 4	Stern
stendersi 12	sich ausstrecken, sich hinlegen
stiramento *m.* 12	Zerrung
Stoccarda 2	Stuttgart
storico/-a *m./w.* 10	historisch, geschichtlich
strada *w.* 5	Straße
strano/-a *m./w.* 12	seltsam, sonderbar
stretto/-a *m./w.* 11	eng
stringere la mano 1	die Hände schütteln
studente m. 2	Student
studentessa *w.* 2	Studentin
stuzzicadenti *m./Mz.* 7	Zahnstocher
su 3, 4, 11	hinauf, auf, über
subito 5	sofort, gleich
sul (su + il) 4	auf den
Suo/-a *m./w.* 2	Ihr
suocera *w.* 2	Schwiegermutter
supermercato *m.* 4	Supermarkt
Svizzera *w.* 2	Schweiz
svizzero/-a *m./w.* 2	schweizerisch, Schweizer/in

T

tabaccaio *m.* 3	Tabakhändler
tabaccheria *w.* 3	Tabakladen
tablet *m.* 8	Tablet(-Computer)
tacco *m.* 11	Absatz
taglia *w.* 11	Größe (*Kleidung*)
tantissimo 10	so sehr
tanto/-a *m./w.* 9	(so) viel/e
tassista *m.* 10	Taxifahrer
tastiera *w.* 8	Tastatur
tavola *w.* 5	(Ess-)Tisch
tavolo *m.* 5	Tisch
taxi *m.* 3	Taxi
tè *m.* 6	Tee
teatro *m.* 6	Theater

tedesco/-a *m./w.* 2	deutsch, Deutsche/r
telecamera *w.* 8	Webcam
telefonare 8	telefonieren
telefonino *m.* 8	Handy
telefono *m.* 4	Telefon
televisore *m.* 5	Fernseher
tempo *m.* (in -) 3, 10	Zeit (rechtzeitig); Wetter
tenda *w.* 5	Zelt
tenere 10	(be)halten
terreno *m.* 5	Grundstück
tessera *w.* 9	Karte
testa *w.* 12	Kopf
ti 1	dir, dich
tifare (per) 10	(für ...) sein, Fan sein (von ...)
tifoso/-a *m./w.* 10	Fan
timbrare 3	abstempeln, entwerten
tipico/-a *m./w.* 7	typisch
tiramisù *m.* 7	Tiramisù
tisana *w.* 6	Kräutertee
toccare (A chi tocca?) 11	berühren, treffen (Wer ist an der Reihe?)
tonno *m.* 6	Thunfisch
Torino 3	Turin
tornare (indietro) 6, 10	zurückgehen, zurückkehren
torta *w.* 11	Kuchen
tovagliolo *m.* 7	Serviette
tradizionale *m./w.* 6	traditionell
tram *m.* 3	Straßenbahn
tramezzino *m.* 6	Toastsandwich
tranquillo/-a *m./w.* 5	ruhig
trattino basso *m.* 8	Unterstrich (_)
trattino *m.* 8	Bindestrich (-)
trattoria *w.* 7	einfaches Gasthaus
traversa *w.* 6	Querstraße
tre 3	drei
tredici 4	dreizehn
treno *m.* 1	Zug
troppo 7	zu (viel)
trota *w.* 7	Forelle

tu 1	du	
tubo di scarico *m.* 5	Abfluss	
tuo/-a *m./w.* 1	dein/e	
Turchia 2	Türkei	
turco/-a *m./w.* 2	türkisch, Türke/Türkin	
turismo *m.* 4	Tourismus	
turistico/-a *m./w.* 11	touristisch	
tutto 5	alles, ganz	

U

ufficio *m.* 2	Büro	
uguale 3	gleich (=)	
un *m.* 1	ein	
una (un') *w.* 2	eine	
undici 3	elf	
uno 7	eins	
usare 8	benutzen	
utilizzare 8	benutzen	
uva *w.* 7	Weintraube(n)	

V

Va bene! 4	Alles klar!, Geht klar!	
Vabbè! 10	Geht klar! (*umgangssprachlich*)	
vacanza *w.* 2	Urlaub	
valido/-a *m./w.* 12	gültig	
valigia *w.* 3	Koffer	
valigie *w./Mz.* 3	Gepäck	
vasetto *m.* 11	Becher	
vedere 1	sehen	
vegetariano/-a *m./w.* 6, 7	vegetarisch, Vegetarier/in	
veloce *m./w.* 9	schnell	
venerdì *m.* 5	Freitag	
Venezia 3	Venedig	
venire 8	kommen	
ventilatore *m.* 5	Ventilator	
vento *m.* 10	Wind	
veramente 10	wirklich	
verde *m./w.* 11	grün	
verdura *w.* 7	Gemüse	

vero/-a *m./w.* 2	wahr	
Vero? 2	Nicht wahr?	
verso 3	gegen	
vespa *w.* 12	Wespe	
vestito *m.* 11	Kleid	
vetrina *w.* 11	Auslage, Schaufenster	
via 4	über, via	
via *w.* 3, 6	Weg, Straße	
viaggio *m.* 1	Reise	
vicino/-a *m./w.* (a) 3	nahe, in der Nähe (von)	
Vienna	Wien	
vino *m.* 6	Wein	
vino bianco *m.* 6	Weißwein	
vino rosso *m.* 6	Rotwein	
vista *w.* 4	Anblick, Ausblick	
vitello *m.* 7	Kalb(-fleisch)	
vitello tonnato *m.* 7	Kalbfleisch in Thunfischsauce	
voi 5	ihr, Sie (*Mz.*)	
volere 4, 6	wollen, brauchen (*z. B. Zeit*)	
volta *w.* 10	Mal	
vongola *w.* 7	Venusmuschel	
vostro/-a *m./w.* 4	euer, Ihr (*Mz.*)	
voucher *m.* 5	Voucher	

W, Y

water *m.* 5	Toilette	
Wi-Fi *m.* 8	WLAN	
yogurt *m.* 7	Joghurt	

Z

zanzara *w.* 12	Stechmücke	
zero 5	Null	
zoo *m.* 10	Zoo	
zoologico/-a *m./w.* 10	zoologisch	
Zurigo 2	Zürich	

Quellenverzeichnis

Cover: © Getty Images/E+/sturti
S. 4: © Thinkstock/iStock/mikolajn
S. 7: © Getty Images/E+/franckreporter
S. 8/9: © Getty Images/iStock/George-Standen
S. 10/11: © Getty Images/iStock/vwalakte
S. 12: © fotolia/Anton Gvozdikov
S. 13 von oben: © fotolia/Blend Images, © iStockphoto/hjalmeida
S. 14 von oben: © fotolia/kawa, © Getty Images/E+/spooh
S. 15: © iStockphoto/peepo
S. 16/17: © Getty Images/E+/LeoPatrizi
S. 18/19: © Getty Images/iStock/ah_fotobox
S. 20: © iStockphoto/marconofri
S. 21 von oben: © Getty Images/DigitalVision/Morsa Images, © fotolia/Andres Rodriguez
S. 22 von links: © fotolia/Andrei Kazarov, © Thinkstock/iStock/phant
S. 23: © Alma Edizioni Florenz
S. 24/25: © Thinkstock/iStock/KavalenkavaVolha
S. 26/27: © Getty Images/E+/JaCZhou
S. 28: © iStockphoto/piccerella
S. 29 von oben: © Getty Images/iStock/LeoPatrizi, © Thinkstock/iStock/NanoStockk
S. 30: © Getty Images/iStock/titoslack
S. 31: © Getty Images/iStock/monkeybusinessimages
S. 32/33: © Getty Images/iStock/SerrNovik
S. 34/35: © Getty Images/E+/spyderskidoo
S. 36: © iStockphoto/rotofrank
S. 37 von oben: © panthermedia/ Erwin Wodicka, © fotolia/Geoff Campbell
S. 38 von links: © fotolia/Daniel Garcia, © Thinkstock/iStock/751
S. 39: © Getty Images/iStock/Katarzyna Bialasiewicz Photographee.eu
S. 40/41: © Getty Images/iStock/Olga_Gavrilova
S. 42/43: © panthermedia/Jürgen S.
S. 44: © fotolia/BasPhoto
S. 45 von oben: © panthermedia/Herbert E., © digitalstock/D. Idzko-Peil
S. 46: © panthermedia/walter Z.
S. 47: © Getty Images/E+/Todor Tsvetkov
S. 48/49: © Getty Images/iStock/marcociannarel
S. 50/51: © Getty Images/iStock/Janoka82
S. 52: © iStockphoto/Silberkorn
S. 53 von oben: © Thinkstock/Photodisc/Jeremy Maude, © iStockphoto/MarcusPhoto1
S. 54 von links: © Getty Images/E+/Xsandra, © Thinkstock/iStock/RossHelen
S. 57: © Getty Images/iStock/Eva-Katalin
S. 58: © Thinkstock/iStock/sborisov
S. 59: © Getty Images/iStock/TFILM
S. 60: © Getty Images/iStock/Antonel
S. 61: © Getty Images/iStock/Mariha-kitchen
S. 62: © Getty Images/E+/Pinkybird
S. 63 von links: © Getty Images/iStock/svariophoto, © Getty Images/iStock/soponbiz
S. 64 von links: © panthermedia/Holger W., © Thinkstock/iStock/Xantana
S. 65: © Getty Images/E+/PeopleImages
S. 66: © Thinkstock/iStock/sborisov
S. 67: © Thinkstock/iStock/GeorgeRudy
S. 68/69: © Thinkstock/iStock/adisa
S. 70: © Thinkstock/iStock/FabrikaCr
S. 71 von oben: © Thinkstock/iStock/boggy22, © Getty Images/iStock/UberImages
S. 72 von links: © Getty Images/iStock/mikolajn, © Thinkstock/iStock/Flory
S. 73: oben links © iStockphoto/julof90; unten links © fotolia/rmazzonna; rechts © Getty Images/iStock/arogant
S. 74/75: © Getty Images/E+/JaCZhou
S. 76/77: © Getty Images/iStock/StevanZZ
S. 78: © Getty Images/iStock/MattRied
S. 79 von oben: © iStockphoto/PhillDanze, © iStockphoto/Captain1854
S. 80 von links: © digitalstock/U. Sterner, © Thinkstock/iStock/Macrolife.it
S. 81 oben von links: © Getty Images/E+/Pavliha, © Getty Images/E+/RelaxFoto.de; unten von links: © fotolia/morane, © Thinkstock/iStock/Eachat, © Getty Images/E+/Imgorthand
S. 82/83: © Getty Images/iStock/Copyright - Leonardo Patrizi
S. 84/85: © Getty Images/iStock/bwzenith

S. 86: © FS Italiane | Photo
S. 87 von links © iStockphoto/KenWiedemann, © fotolia/diego cervo
S. 88: © fotolia/tiero
S. 89: © Getty Images/iStock/robvanhal
S. 90/91: © Getty Images/iStock/titoslack
S. 92/93: © Getty Images/E+/tunart
S. 94: © Getty Images/E+/martin-dm
S. 95 von oben: © Getty Images/E+/Eva-Katalin, © Comugnero Silvana - stock.adobe.com
S. 96 von links: © panthermedia/Claudio D., © Thinkstock/iStock/fotografiche
S. 97: © Getty Images/E+/Massimo Merlini
S. 98/99: © Getty Images/iStock/iskrinka74
S. 100/101: © Getty Images/E+/spyderskidoo
S. 102: © Getty Images/iStock/Gligatron
S. 103 von oben: © Getty Images/iStock/demaerre, © iStockphoto/wwing
S. 104 von links: © fotolia/francovolpato, © Getty Images/iStock/Benedetta Gelli

Sprecher: Nicoletta Colonna, Franco Mattoni, Marco Montemarano, Danila Piotti
Produktion: Tonstudio Langer, 85375 Neufahrn, Deutschland

Notizen

Notizen

Notizen